G. J. Bos · Martin Luther King

1964 bekam Martin Luther King den Friedensnobelpreis. Hier geht er in einer Kirche in Stockholm noch einmal den Text für seine Predigt durch. (Foto dpa)

G. J. Bos

Martin Luther King

Ein Friedensstifter gibt nicht auf

Oncken Verlag Wuppertal und Kassel

Ypsilon

Oncken Jugendtaschenbuch 5

Die holländische Originalausgabe erschien
unter dem Titel »Martin Luther King,
navolger van Christus« bei Ark Boeken-Vereenigung
tot Verspreiding der Heilige Schrift, Amsterdam

Deutsch von Helga M. Kramer-Peters

Wiedergabe der Bibelzitate nach der
revidierten Übersetzung Martin Luthers 1956/64

Umschlaggestaltung: Carsten Buschke, Leichlingen 2
Umschlagfoto: dpa/A1, Frankfurt/M.
Gesamtherstellung: Breklumer Druckerei Manfred Siegel
ISBN 3-7893-7505-5

Aus der Bergpredigt Jesu Christi

Als Jesus das Volk sah, ging er auf einen Berg und setzte sich; und seine Jünger traten zu ihm.

Und er tat seinen Mund auf, lehrte sie und sprach:

Selig sind, die da geistlich arm sind; denn das Himmelreich ist ihr.

Selig sind, die da Leid tragen; denn sie sollen getröstet werden.

Selig sind die Sanftmütigen; denn sie werden das Erdreich besitzen.

Selig sind, die da hungert und dürstet nach der Gerechtigkeit; denn sie sollen satt werden.

Selig sind die Barmherzigen; denn sie werden Barmherzigkeit erlangen.

Selig sind, die reines Herzens sind; denn sie werden Gott schauen.

Selig sind die Friedfertigen; denn sie werden Gottes Kinder heißen.

Selig sind, die um Gerechtigkeit willen verfolgt werden; denn das Himmelreich ist ihr.

Selig seid ihr, wenn euch die Menschen um meinetwillen schmähen und verfolgen und reden allerlei Übles wider euch, so sie daran lügen.

Seid fröhlich und getrost; es wird euch im Himmel wohl belohnt werden. Denn also haben sie verfolgt die Propheten, die vor euch gewesen sind.

Matthäus 5,1–12

INHALT

Eine alltägliche Geschichte

»Paß gut auf dein Geld auf, Bessy, vertrauen kannst du niemandem. Du gehst in die große Stadt, sei also vorsichtig. Ganz unten in der Tasche ist der sicherste Platz, und halt die Tasche gut fest.«

Während sie zu den hintersten Sitzplätzen ging, setzte sich der Bus mit einem Ruck in Bewegung. Beinahe automatisch war sie nach hinten gelaufen, zu den Plätzen für Schwarze. Obwohl man seit kurzer Zeit überall im Bus sitzen durfte, machte ein Platz im hinteren Teil doch weniger Schwierigkeiten. Trotzdem saßen vorn vier schwarze Frauen, augenscheinlich auf dem Weg zum Markt, die eifrig miteinander plauderten. Sie besprachen die letzten Ereignisse aus dem Dorf und tauschten Familienneuigkeiten aus. Im übrigen war der Bus noch leer.

Bessy sah aus dem Fenster. Die Häuser des Dorfes glitten immer schneller an ihr vorbei, und bald war es aus ihrem Blickfeld verschwunden. Es fiel ihr schwer, von den bedrückenden Gedanken loszukommen, von dem, was sie hinter sich ließ; das Dorf mit all den Menschen, die sie kannte, und vor allem ihre Familie. Hoffentlich fand sie eine Arbeit und konnte bald Geld nach Hause schicken. »Paß gut auf dein Geld auf, Bessy.« Sie sah nach ihrer Tasche, die mit ihrem ärmlichen Besitz gefüllt war. Sie hörte noch den weisen Rat, den die Großmutter ihr gab, und lächelte. Die alte Frau war noch nie in der Stadt gewesen, aber doch gab sie Ratschläge, als ob sie über Atlanta genau Bescheid wüßte.

»Sei höflich, liebes Kind«, hatte sie gesagt, »das macht einen Menschen immer anziehend.« Und Tante Grace hatte hinzugefügt, daß Bescheidenheit eine große Tugend sei. Bei dieser Erinnerung zeigte sich auf Bessys Gesicht ein trotziger Zug. Die alten Leute mit ihren Ideen ehemaliger Sklaven! Die gefielen ihr nicht. In Atlanta werde ich ganz anders anfangen, nahm sie sich vor.

Im Bus war es heiß geworden. Die Frauen vorn hatten ihre Gespräche beendet und waren eingenickt. Bessy schätzte, daß die Fahrt wohl noch zwei Stunden dauern würde. Das Aus-dem-Fenster-Sehen wurde ihr langweilig. Sie hätte gern etwas getrunken; der Bus hielt oft und lange genug. Doch sie wagte es nicht auszusteigen. Schwarze durften nämlich unterwegs den Bus nicht verlassen. Taten sie es doch dann, konnte es sein, daß der Bus ohne sie abfuhr.

Durch die Hitze nickte sie ein. In ihrem Kopf schwirrten die Traumbilder von Atlanta und die Erinnerungen an zu Hause durcheinander. Angst, Hoffnung und Neugierde suchten einen Platz in ihren Gedanken.

Sie wachte wieder auf, als der Bus regelmäßiger hielt. Einige lärmende weiße Jungen stiegen ein.

»Na, Nigger«, lachte einer von ihnen. Sie setzten sich in die Reihe vor sie und schwatzten über ein Rugbyspiel, das gerade stattgefunden hatte. Bessy sah nach draußen. ›Atlanta drei Meilen‹ stand auf einem Straßenschild. Das Ziel der Reise kam nun endlich in Sicht. Zwei Haltestellen weiter stiegen die Jungen wieder aus. Aber sie konnten es nicht lassen, ihr noch eine Grimasse zu schneiden. Spöttisch lachend verließen sie den Bus. Dieser hielt noch zweimal, und dann war die Endstation erreicht.

Bessy war in Atlanta, und sie hatte Hunger und Durst. Vom langen Sitzen war sie steif geworden. Sie ging am Bahnhofsgebäude entlang und sah in den Wartesaal. Oberhalb der Tür konnte man noch erkennen, wo das Schild befestigt gewesen war, das Schwarzen den Eintritt verbot. Das Schild war verschwunden, aber sonst hatte sich nichts geändert.

Bessy sah durch das Fenster ins Innere. Siehst du, es sitzen nur Weiße dort. Es ist also vernünftiger, draußen zu bleiben, sagte sie sich. In Richtung des Zentrums sah sie einen Laden. Weil sie Appetit bekommen hatte, kaufte sie dort eine Dose Limonade und eine Tafel Schokolade.

Nachdem sie sich gestärkt hatte, ging sie weiter. Sie kam in eine belebte Geschäftsstraße. Kein Mensch achtete hier auf sie oder drehte sich nach ihr um. Sogar weiße Jungen liefen an ihr vorbei, ohne eine Bemerkung zu machen. Einsam irrte sie durch die Menge.

Ein Gefühl der Kälte ergriff ihr Herz. Aber so viele Eindrücke strömten auf sie ein, daß sie kaum Zeit hatte, an ihre Gefühle zu denken. Sie hatte jetzt Wichtigeres zu tun. Sie mußte eine Unterkunft finden, bevor es dunkel wurde. Unwillkürlich ließ sie sich durch den Menschenstrom mitziehen, der wie ein träge dahinfließender Fluß einen Weg durch das Zentrum der Stadt nahm. So kam sie schließlich in ein schwarzes Viertel.

Ein großes, steinernes Gebäude mit einem Aushängeschild, das eine strahlende Sonne und das Wort ›Hotel‹ zeigte, hatte die Türen einladend geöffnet. Trotzdem zögerte Bessy, bevor sie eintrat. Hinter einem farblosen Schreibtisch saß ein älterer Mann und las in einer Zeitung. Auf seiner Nasenspitze trug er eine kleine Metallbrille. An der Wand hinter ihm hing ein Schlüsselkästchen. Er schien die Besucherin nicht zu bemerken. Erst, als er umblätterte, sah er auf und blickte sie fagend an.

»Ich möchte gern ein Zimmer«, stammelte sie schüchtern, »und ich möchte gern. . .«

Ohne weiter zuzuhören, stand der Mann auf und nahm einen Schlüssel aus dem Kasten. »Die Treppe hoch, Zimmer drei«,murmelte er undeutlich.

Bessy nahm den Schlüssel und lief die Treppe hinauf. Jede Stufe knarrte, so daß es Bessy ganz unheimlich wurde. Die Tür des Zimmers Nr. 3 war offen. Sie probierte den Schlüssel aus. Aber er funktionierte nicht. Man konnte die Tür nicht verschließen, weil das Schloß ausgeleiert war.

In dem Raum stand ein muffiges Bett, ein hölzerner Stuhl und ein Tisch mit einem schmutzigen Deckchen. Von der Decke hing eine nackte Glühbirne herab. Die Tür zu einer stinkenden Dusche stand offen. Durch das geöffnete Fenster drang der Lärm der Straße herauf. Nein, hier konnte sie nicht bleiben.

Entschlossen drehte sie sich um und stürmte die Treppe hinunter. Sie lief, ohne etwas zu sagen, direkt auf die Straße und atmete erleichtert auf. Der alte Zeitungsleser hinter seinem Schreibtisch hatte nur kurz den Kopf gehoben. Ihre erste Erfahrung mit einem Hotel brachte sie zu dem Entschluß, es nicht noch einmal zu versuchen. Sie würde sich ein Zimmer bei einfachen Menschen suchen. Unterwegs hatte sie schon ein paarmal ein Schild mit der Aufschrift ›Zimmer zu vermieten‹ gesehen.

Bessy verließ das Stadtzentrum und kam so in einen etwas ruhigeren Außenbezirk. Hohe Bäume sorgten hier für willkommenen Schatten. In der Straße, durch die sie jetzt ging, standen große Häuser. Dort waren bestimmt Zimmer frei. Sie brauchte nicht einmal mehr weit zu laufen, da sah sie schon das erste Schild.

Sie lief über den Gartenweg und schellte voller Erwartung. Dann trat sie einen Schritt zurück und besah sich das Haus. Es sah freundlich aus und glich den Häusern der Weißen in ihrem eigenen Dorf. Sie hörte Schritte im Gang. Was sie sagen wollte, hatte sie sich unterwegs überlegt. Bevor sie jedoch den Mund aufmachen konnte, wurde die Tür einen Spalt breit geöffnet und wieder vor ihrer Nase zugeschlagen. Neben der Tür ging ein Fenster hoch, und eine schrille Frauenstimme kreischte: »Mach, daß du wegkommst, schmierige, dreckige Niggerdirne.«

Beschämt machte sich Bessy über den schönen Gartenpfad davon. Sie konnte die Tränen nicht mehr zurückhalten. Die soll sich doch erst einmal selbst ansehen, dachte sie. Woher weiß sie denn, wer vor ihr steht?

Rat- und mutlos setzte sie sich auf eine Bank in einem Park, an dem sie vorüberkam. Ein alter schwarzer Mann, der eingekauft hatte, ruhte sich auch dort aus. Da kam ein kleiner weißer Junge vorbei und lachte. Er blieb, die Hände in die Seiten gestemmt, stehen, rief ganz laut »Nigger« und rannte fort. Die beiden auf der Bank sahen sich an. Durch dieses eine Wort fühlten sie sich miteinander verbunden – sie mutlos und zornig, er ergeben. Aber sie wußten, daß sie zusammengehörten.

»Es sitzt schon früh in ihnen«, seufzte der Alte, »bist du traurig deswegen, mein Kind? Ich sehe Tränen in deinen Augen.«

Ohne daß sie wußte, woher sie den Mut nahm, schüttelte Bessy dem alten Mann ihr Herz aus. Sie erzählte ihm, daß sie auf der Suche nach einem Zimmer und nach Arbeit sei, weil es in ihrem Dorf keine Arbeit mehr gab, und daß sie nicht wüßte, wo sie diese Nacht schlafen sollte. Zögernd berichtete sie ihm ihre ganze Geschichte. Ein paarmal schüttelte der alte Mann seinen Kopf, dann sagte er: »Weißt du was? Du gehst mit mir nach Hause. Da ist wohl noch ein Eckchen zum Schlafen. Und morgen kannst du dir dann Arbeit suchen. Dann sehen wir weiter.«

Das ist die Rettung, dachte Bessy und durch ihre Tränen sah sie den alten Mann erleichtert an. Endlich jemand, dem sie vertrauen konnte.

»Dann brechen wir jetzt am besten auf«, fuhr er fort. »Morgen muß ich auch wieder zum Arbeitsamt. Heute hatte man nichts für mich, denn alte Menschen zählen nicht mehr. Komm nur mit, ich wohne gleich in der Nähe. Den alten Joe hat seine Mutter gelehrt, gastfreundlich zu sein.«

Daß sie dem alten Mann vertrauen konnte, fühlte Bessy sehr deutlich. Und mit einem kleinen bißchen Hoffnung für die Zukunft ging sie mit ihm zu seiner Wohnung.

Die Wohnung bestand nur aus zwei kleinen Zimmern in einer großen grauen Mietskaserne. Aus den offenstehenden Fenstern drang das Geräusch laut spielender Radios auf die Straße und vermischte sich mit dem Verkehrsgetöse. Das war also der Großstadtlärm. Er stand in starkem Kontrast zu der Ruhe ihres Dorfes auf dem Land in Georgia.

Was Joe die Küche nannte, war nicht mehr als eine Nische mit einer Kochplatte und einem Wasserhahn. Ein paar hölzerne Kisten dienten als Vorratsschrank. Im Wohnzimmer stand Joes ganzer Stolz, ein riesiger Kühlschrank mit einem tragbaren Fernsehgerät darauf.

Geschäftig lief Joe hin und her, räumte seine Sachen von links nach rechts und machte so das Chaos in seiner Junggesellenwohnung noch größer.

Bessy mußte lächeln. Sie begriff, daß Joe ausschließlich ihr zu Ehren so eifrig war. Wenn sie etwas länger hier bleiben durfte, wollte sie einmal alles in Ordnung bringen, nahm sie sich vor.

Joe suchte noch etwas Eßbares im Kühlschrank. Es war nicht mehr viel, aber doch genug, um den schlimmsten Hunger zu stillen. Er sah, daß Bessy müde war, und beschloß deshalb, sofort einen Schlafplatz für sie zu richten. Mit einem alten Mantel, ein paar Kissen und einer Decke improvisierte er ein Bett in einer Ecke der Küche.

Auf ihrem Nachtlager lauschte Bessy dem tropfenden Wasserhahn. In regelmäßigen Abständen fiel ein Tropfen mit einem leisen ›Pitsch‹ auf einen nassen Aufnehmer. Durch das offene Fenster drangen die Abendgeräusche Atlantas herein. Im Fernsehen lief eine Show; jemand sang ›Tell me why‹ (Sag mir, warum). Es dauerte lange, ehe sie einschlief, viele Gedanken gingen ihr noch durch den Kopf. Sie hörte die Stimme, die sie am Nachmittag so verletzt hatte: »schmierige, dreckige Niggerdirne!« Waren die Schwarzen denn wirklich so viel weniger als die Weißen? Durften sie denn nicht stolz sein auf ihre Hautfarbe? Auf ihrer Schultasche hatte sie einen Aufkleber mit der Aufschrift ›Black is beautiful‹ (Schwarz ist schön), aber hier in Atlanta war es nicht wahr. Hier waren Schwarze noch immer schmutzig.

Der Sänger des ›Tell me why‹ bekam Applaus, aber keine Antwort.

Auf dem Arbeitsamt bildeten sich zwei Schlangen – eine für Männer und eine für Frauen. Geduldig warteten sie, bis sie an der Reihe waren. Die Reihe der Männer wurde schneller abgefertigt. Es waren viele, die eine Arbeit suchten. Die Schlange, in der Bessy wartete, bestand hauptsächlich aus älteren Frauen. Einige Jüngere hatten ihre Kinder bei sich. Bessy fragte sich, wo die wohl blieben, wenn die Frauen Arbeit bekämen. Als sie endlich vor dem Schalter stand, bekam sie – ohne daß ein Wort gesprochen wurde – eine Karte in die Hand gedrückt. Erstaunt sah sie die Frau hinter dem Schalter an. Sie konnte ihr doch wohl sagen, um was es ging. Die blonde Frau fand es augenscheinlich nicht der Mühe wert, viele Worte an ihre Kunden zu verschwenden. Sie schnauzte Bessy an: »Ausfüllen!« Das war das einzige, was ihr einfiel. Der Kugelschreiber, der am Tisch festgebunden war, schrieb nicht. Bessy hatte keinen Stift bei sich, und sie fragte sich, ob Joe wohl einen hatte. Die Frau, die hinter ihr stand, merkte, daß Bessy nicht weiterkam, und holte aus ihrer Tasche einen Kugelschreiber. Nachdem Bessy ihre Karte ausgefüllt hatte, stellte sie sich wieder an das Ende der Reihe, um das Formular abzugeben. Danach mußte sie wieder endlos lange warten.

Namen wurden aufgerufen, aber Bessys Name war noch nicht dabei. Joe kam zu ihr und erzählte, daß er für heute eine Beschäftigung bekommen habe. Er konnte mit Gartenarbeit vier Dollar verdienen. Sein Chef komme ihn jeden Moment abholen.

»Du kannst heute abend ruhig wieder zu mir kommen, Bessy«, sagte er zum Abschied. Dankbar blickte sie ihn an und nickte. Sie brachte plötzlich kein Wort mehr heraus und schaute ihm nach, bis er durch die Drehtür verschwunden war. Erschreckt sah sie auf, als ihr Name durch den

Raum schallte. Aufgeregt lief sie zum Schalter. Die blonde Frau sagte ihr, daß sie draußen in einer Viertelstunde von ihrer Arbeitgeberin abgeholt werde. Es war für Bessy, trotz der unfreundlichen Behandlung am Schalter, als ob die Sonne durchbrach. Sie hatte Arbeit! Sie würde heute abend einen Brief nach Hause schreiben, und wenn sie gut verdiente, konnte sie vielleicht schon bald etwas Geld überweisen. Erleichtert über diesen guten Anfang verließ sie das Arbeitsamt.

Draußen schien die Sonne, und die Hitze hatte sich schon drückend auf die Stadt gelegt. Im Schatten des Gebäudes warteten auch andere schwarze Frauen darauf, abgeholt zu werden.

Direkt vor Bessy hielt ein Kombi. Eine blonde Frau drehte das Fenster herunter und rief ihren Namen. Mit einer kommandierenden Geste bedeutete sie dem Mädchen, daß sie vorn Platz nehmen solle. Die Autotür mußte Bessy selbst öffnen. Als sie noch nicht ganz saß, gab die Frau schon Gas, und der Wagen rauschte davon. Das Autoradio spielte laut. Der Aschenbecher war überfüllt. Trotzdem holte Bessys Arbeitgeberin noch eine Zigarette aus ihrer Tasche. Bessy sah, wie sie den Rauch tief einsog. Gleichzeitig mit dem Ausblasen des Rauches bellte sie Bessy ihre Anweisungen zu.

»Du beginnst mit dem Aufhängen der Wäsche. Natürlich erst die Leine mit einem Tuch säubern. Dann hängst du die Wäsche auf. Und denke daran, Sorte für Sorte. Hosen also zu Hosen und Hemden zu Hemden. Hast du das verstanden?« Obwohl Bessy geradeaus sah, fühlte sie, daß die blonde Frau sie von oben herab ansah; sie denkt natürlich, so ein dummes Negermädchen kann nicht verstehen, was sie meint, vermutete Bessy. Nun, sie würde sie schon merken lassen, daß sie nicht so dumm war. Sehr höflich und bescheiden antwortete sie: »Ja, Madam, das werde ich tun.«

Bessy starrte weiter vor sich hin. Die Straßen wurden

breiter und die Häuser schöner. Inzwischen redete die Frau ununterbrochen weiter: So muß dies und so muß das gemacht werden, und denk an dieses und vergiß jenes nicht. Bessy wurde es schwindelig, und sie fragte sich, wie sie das alles behalten sollte. Der Wagen bog in eine Auffahrt und hielt hinter einer großen weißen Villa. Das Tragen der Einkäufe wurde Bessy anvertraut. Sie konnte die schweren Taschen beinah nicht heben, aber schließlich schaffte sie doch alle Einkäufe in die Küche; glücklicherweise ohne Zwischenfälle. Etwas verlegen sah sie sich in dieser Traumküche um.

»Wie alt bist du?«

Mit großen Augen starrte Bessy ihre Arbeitgeberin an. Sie wurde etwas gefragt. Zum ersten Mal fragte die Frau sie etwas.

»Sechzehn Jahre, Madam.«

»Deine Eltern wissen doch hoffentlich davon, daß du hier bist; denn von einem weggelaufenen Niggermädchen habe ich nichts.«

Bessy nickte und fühlte eine gewaltige Wut in sich aufsteigen. Sie hatte sogar kurz das Verlangen, sehr schnell wegzulaufen, aber sie tat es nicht. Bescheiden blieb sie stehen und wartete auf Anweisungen.

»Dahin kannst du die Einkäufe legen, hier in diesen Schrank meine ich, und dann gehst du und hängst die Wäsche auf. Der Korb steht in der Waschküche. Und mach jetzt voran, denn ich bezahle nicht dafür, daß du faulenzt.«

Während Bessy sich umdrehte, um die Pfirsichbüchsen im Schrank zu stapeln, streckte sie die Zunge heraus. Was bildete die angemalte Modepuppe sich eigentlich ein? Glaubte sie vielleicht, daß eine weiße Haut und Geld einem das Recht geben, Menschen so zu behandeln? Madam ahnte nichts von Bessys Gedanken. Sie ließ sich in einen Stuhl auf der Terrasse fallen und zündete sich eine Zigarette an. Als Bessy die Wäsche aufhängte, schenkte Madam sich eine Tasse Kaffee ein. ›Es ist ein Wunder, daß sie mich das nicht auch noch machen läßt‹, dachte Bessy, während sie ein paar Nylonstrümpfe mit Klammern befestigte. Verdeckt von den hübschen Hemden, Hosen und weichen Badetüchern konnte Bessy ihre Arbeitgeberin gut beobachten. Diese holte das Telefon an einer langen Schnur nach draußen und wählte eine Nummer. Kurz danach schallte ihre Stimme durch den Garten. Beim Wählen einer neuen Nummer rief sie Bessy weitere Aufgaben zu. Der Flur müsse geputzt werden und im Wohnzimmer müsse gründlich abgestaubt und gesaugt werden. Danach werde sie alles genau ansehen; denn mit halber Arbeit sei ihr nicht geholfen.

Das Wohnzimmer brachte Bessy fast zur Verzweiflung. Alles lag dick voll Staub. Das würde eine Arbeit! Sie fing mit dem Mut der Verzweiflung an und fegte den Staub von einem Wandspruch: God bless America (Gott segne Amerika). Der Teller glänzte nun wieder wie ein Spiegel.

Der Bücherschrank war mit eindrucksvollen, ledergebundenen Werken gefüllt. Auf einem Ehrenplatz prunkte die Bibel mit goldenen Buchstaben auf dem Buchrücken. Auch auf ihr lag dicker Staub.

Zum Glück war es hier nicht so warm, fand Bessy. Der Sonnenschutz vor den Fensterscheiben hielt viel Hitze ab. Durch das geöffnete Fenster hörte sie, daß Madam noch immer telefonierte.

Als sie den Flur geputzt hatte, wollte Bessy sich kurz hinsetzen. Aber gerade in dem Moment kam Madam, um zu kontrollieren. Sie fand zum Glück nicht viel auszusetzen, begrub Bessy aber sofort wieder unter einer Reihe neuer Aufträge. Leider war in der Küche kein Stuhl oder Hocker zu finden, und so mußte Bessy stehenbleiben, um das Kupfer zu putzen.

Während sie die Treppe saubermachte, ging die Küchentür auf, und Madam sagte: »Du kannst jetzt eben essen, ich habe etwas für dich fertiggemacht.« Auf der Anrichte fand sie einen Pappteller mit zwei Scheiben Brot und einen Plastikbecher Milch.

»Wenn du fertig bist, wirfst du das Zeug weg«, rief Madam von der Terrasse. Während Bessy ihr Brot aß, merkte sie, daß sie vom Garten aus beobachtet wurde. Sie will nicht, daß ich mir zu lange Zeit nehme, überlegte Bessy. Trotzdem, ich esse ruhig, ich habe hart genug dafür gearbeitet, und übrigens, zwei Scheiben Brot, das ist nicht viel, um es herunterzubekommen. Wütend warf sie anschließend den Teller und den Becher in den Abfalleimer.

Dann machte sie sich mit Widerwillen erneut an die Arbeit. Im Bügelzimmer standen drei volle Waschkörbe mit Bügelwäsche. Damit hatte sie vorläufig genug zu tun. Sie stand am Bügelbrett, und ihr war schrecklich heiß, und als sie aus dem Fenster schaute und Madam herrlich im Bikini im Garten sitzen sah, wurde ihr noch wärmer. Neben Madams Stuhl stand ein kaltes Getränk, und unter dem bunt gemusterten Sonnenschirm stieg der Rauch einer Zigarette hoch.

Todmüde ging Bessy um halb sechs die Treppe hinunter. Nun saß Madam mit ihrem Mann im Garten, und die beiden unterhielten sich, während sie einen Eisbecher genossen. Der Mann beachtete Bessy kaum, als sie Madam sagte, daß sie fertig sei.

»In der Küche liegen fünf Dollar, morgen erwarte ich dich um acht Uhr am Hintereingang.«

Bessy nickte. »Ja, Madam, morgen um acht Uhr am Hintereingang.«

Diese alltägliche Geschichte zeigt ein bißchen, wie das Verhältnis zwischen Schwarzen und Weißen in den Südstaaten der USA Mitte der fünfziger Jahre war. Um 1954 arbeiteten viele schwarze Mädchen, Frauen und Männer als Hausbedienstete, weil sie keine Ausbildung machen konnten. In den Südstaaten wurde die Rassentrennung länger aufrechterhalten als in den Nordstaaten. Aufgrund der Rassengesetze mußten die Schwarzen von den Weißen getrennte Schulen besuchen. In den Südstaaten hatten sie überall von den Weißen getrennte Einrichtungen: getrennte Toiletten, getrennte Kinoeingänge und -sitzplätze, Wartezimmer, Imbißstuben, Plätze in den Bussen; getrennte Parkbänke und getrennte Schwimmbäder. Und die Plätze für die Schwarzen waren immer schlechter und meist schmutzig.

Außerdem waren sie wirtschaftlich benachteiligt: Schwarze Lehrer verdienten zum Beispiel weniger als Weiße. Für Schwarze gab es fast nur die Arbeit, die Weiße nicht machen wollten. Die Ausbildungsmöglichkeiten nach der Schule waren für Schwarze sehr schlecht.

Die schwarzen Kinder konnten fast alle keine so guten Schulen besuchen wie die weißen. Es waren viel mehr Schwarze arbeitslos und arm als Weiße.

Im Jahre 1954 entschied das Oberste amerikanische Gericht, daß die Rassentrennung in den Schulen verfassungswidrig sei: Schwarze Kinder müßten auch weiße Schulen besuchen dürfen und umgekehrt. Aber an dieses Gesetz hielten sich viele Städte nicht.

Die Schwarzen waren nicht nur Menschen zweiter Klasse; sie wurden teilweise wie Vieh behandelt. Natürlich gab es auch in den Südstaaten Weiße, die gegen die Rassentrennung waren. Aber sie konnten sich nicht durchsetzen. Und vor allem: Auch viele Schwarze konnten sich nicht vorstellen, daß es eines Tages anders sein würde. Sie hatten sich daran gewöhnt, daß sie von fast allem ausgeschlossen waren, und daß die Weißen die Herren waren. Die Weißen wußten sehr wohl, welche Plätze sie den Schwarzen zuwiesen. Der beste Platz für einen Schwarzen war der hinterste, ein abgeteilter Platz. So war es schon immer gewesen, und so würde es auch immer bleiben. Ein Mensch muß seinen Platz kennen, und ein Schwarzer auch.

»Ich sah alles Unrecht an, das unter der Sonne geschieht, und siehe, da waren Tränen derer, die Unrecht litten und keinen Tröster hatten. Und die ihnen Gewalt antaten, waren zu mächtig, so daß sie keinen Tröster hatten.«

Prediger 4,1

»Liebe Brüder, haltet den Glauben an Jesus Christus, unsren Herrn der Herrlichkeit, frei von aller Ansehung der Person.

Denn so in eure Versammlung käme ein Mann mit einem goldenen Ringe und mit einem herrlichen Kleide, es käme aber auch ein Armer in einem unsaubern Kleide,

und ihr sähet auf den, der das herrliche Kleid trägt, und sprächet zu ihm: Setze du dich her aufs beste! und sprächet zu dem Armen: Stehe du dort! oder: Setze dich unten her zu meinen Füßen! –

ist's recht, daß ihr solchen Unterschied bei euch selbst macht und richtet nach argen Gedanken?«

Jakobus 2,1–4

Der Süden ruft

In Atlanta, der Stadt, in der Bessy Arbeit suchte, wuchs Martin Luther King auf. Er wurde als Sohn des schwarzen Pfarrers Martin Luther King I und der schwarzen Tochter eines Predigers 1929 dort geboren. Obwohl er der Sohn eines Predigers war, erlebte er wie Bessy schon früh die Unterdrückung der Schwarzen am eigenen Leibe. Er kam jedoch auf eine sehr gute schwarze Schule. Danach ging er als einer der wenigen schwarzen Studenten zum Studium in den Norden der USA, wo es für die Schwarzen mehr Freiheit gab.

Nun rief ihn der Süden wieder, zusammen mit seiner Frau Coretta.

Eine schwarze Gemeinde in Montgomery im Bundesstaat Alabama überlegte, ob Martin Luther King der richtige Pfarrer für sie sein könnte. Sie lud ihn zu einer Probepredigt ein. Es zog den jungen Pfarrer nicht in den Süden. Er und seine Frau waren froh, daß sie im Norden als Schwarze viel freier leben konnten. Doch er gefiel der Dexter Avenue Baptist Church in Montgomery, und sie berief ihn zu ihrem Pastor.

Martin Luther King, der möglichst alles mit seiner Frau beriet, beschloß zusammen mit ihr, der Gemeinde von Montgomery eine Zusage zu geben.

Nach seiner Einführung ging er voll Begeisterung an die Arbeit. Für seine Predigtvorbereitungen nahm er sich sehr viel Zeit. Er tat es gern, obwohl er fünfzehn Stunden an einer Predigt arbeitete. Er hielt Traugottesdienste und Beerdigungen, und er besuchte sehr treu Alte, Kranke, Sterbende und Einsame in seiner Gemeinde.

Aber er wollte mehr, als nur für den schwarzen Mittelstand und schwarze Akademiker arbeiten. Auch den mehr als fünfzigtausend ungebildeten Schwarzen in Montgomery wollte er eine Stütze sein. Er sah es als seine Pflicht an,

Martin Luther King und seine Frau Coretta King (Foto USIS)

sich für besseren Schulunterricht und für das Wahlrecht der Schwarzen einzusetzen.

Es war für ihn ein ermutigendes Gefühl, eine Gruppe von Menschen aus seiner Stadt hinter sich zu wissen, die sich zusammen mit ihm für die dringend nötigen Verbesserungen im Leben der Schwarzen einsetzten. Der Süden rief nach Gleichheit und Brüderlichkeit. Martin Luther King hatte den Ruf vernommen, und er hatte ja gesagt.

Manchmal sind es nur Kleinigkeiten, die große Dinge bewirken. An der Bushaltestelle vor dem Empire-Theater in Montgomery stand Rosa Parks, eine schwarze Frau, und wartete auf den Bus. Nach einem Tag harter Arbeit war sie müde, und ihre Füße schmerzten. Sie hoffte, daß der Bus bald kam. Dann konnte sie sich, wenn im hinteren Teil für Schwarze noch ein Sitzplatz frei war, schon ein bißchen erholen.

An diesem denkwürdigen 1. Dezember des Jahres 1955 war tatsächlich noch ein Platz frei für die abgespannte Näherin. Endlich konnte sie ihren müden Beinen etwas Ruhe gönnen.

Leider hatte sie das Glück nur ein paar Haltestellen lang, denn das vordere Abteil für die Weißen war nun voll besetzt. Das bedeutete automatisch, daß die Schwarzen hinten im Bus ihre Sitzplätze den neu hinzugekommenen Weißen überlassen mußten. Der Busfahrer befahl Rosa und noch drei anderen Mitfahrenden, den weißen Fahrgästen Platz zu machen. Woher sie den Mut nahm, wußte Rosa Parks nachher selbst nicht mehr; sie weigerte sich, aufzustehen. Die drei anderen stellten, ohne zu protestieren, ihre Plätze zur Verfügung. Rosa war müde, ihre Füße schmerzten, warum mußte sie eigentlich aufstehen?

Natürlich konnte der Busfahrer dieses Verhalten nicht dulden, er hatte seine Dienstbestimmungen. Das wäre ja noch schöner, wenn jeder Schwarze zu bestimmen hätte!

Rosa hatte gegen die Gesetze von Montgomery verstoßen, und deshalb wurde sie verhaftet. Gefesselt wie eine gefährliche Verbrecherin, kam sie ins Gefängnis. Der Bus konnte seine Fahrt ungestört fortsetzen. Gesetz und Ordnung waren gewahrt, wie es sich gehörte.

Es war an diesem 1. Dezember nicht das erste Mal, daß ein Busfahrer einen Schwarzen verhaften ließ. Solche Vorfälle erreichten kaum die Presse, und wenn, wurde nur in ein paar Zeilen berichtet, und der Vorfall war vergessen. Aber diesmal kam es anders. Wie ein Lauffeuer ging die Neuigkeit durch Montgomery. »Hast du schon gehört? Rosa Parks wurde verhaftet. Sie wollte ihren Platz im Bus nicht frei machen.« In der schwarzen Bevölkerung war Rosa keine Unbekannte. Sie war immerhin einige Zeit Sekretärin der NAACP (Nationale Vereinigung zur Förderung der Farbigen) gewesen. Vor allem die Frauen traf es sehr, was geschehen war. Es schien, als ob die schwarze Bevölkerung Montgomerys aus einem bösen Traum erwachte. So ging es nicht weiter, das Maß war voll.

Es wurden Flugblätter verteilt, in denen zum Protest aufgerufen wurde. Es mußte sich etwas ändern. Warum hatte das Busunternehmen keine Schwarzen als Busfahrer? Warum verhielten sich die meisten Busfahrer den Schwarzen gegenüber so unfreundlich? Wozu war es nötig, daß Schwarze ausgeschimpft, getreten und geschlagen wurden? Gab es einen einleuchtenden Grund, weshalb sie wohl vorn bezahlen, aber hinten einsteigen mußten – wenn der Bus nicht inzwischen ohne sie abfuhr? Weshalb war es verboten, daß Schwarze sich in das Abteil der Weißen setzten, wenn es leer war? Umgekehrt hatte man doch – mit einigen Ausnahmen – nichts dagegen!

Alle Versuche, Änderungen herbeizuführen, waren bis jetzt gescheitert. Gleichgültig, wer bei dem Busunternehmen um menschenwürdige Behandlung der schwarzen Fahrgäste gebeten hatte – die Leitung des Unternehmens hatte ihn jedesmal mit schönen Versprechungen hinausgeschickt, die niemals eingelöst wurden. Man konnte den Mut dabei verlieren.

Die Schwarzen zogen immer den kürzeren.

Als Martin Luther King von den Flugblättern und dem geplanten Protest hörte, bot er seine Kirche als Treffpunkt für die Aktionsführer an. Am Freitagabend, dem 2. Dezember, trafen sich die Führer. Martin Luther King war einer von ihnen.

Über die Lage in den Bussen berichtet er: »Hier (in den Bussen) wurden die Neger täglich an die Schande der Segregation (Rassentrennung) erinnert. Es gab keine Negerchauffeure. Einige der weißen Busfahrer waren höflich, aber sehr viele hatten nichts als beleidigende Schimpfworte wie »Nigger«, »schwarze Kühe« und »schwarze Affen« für die Neger. Häufig bezahlten die Neger ihr Fahrgeld an der vorderen Tür und mußten dann wieder aussteigen und hinten einsteigen. Dabei kam es oft vor, daß sie zwar ihr Geld bezahlt hatten, der Bus aber abfuhr, ehe sie die Hintertür erreicht hatten.

Noch erniedrigender war es für die Neger, daß man sie zwang, vor leeren Sitzen, die »nur für Weiße« reserviert waren, zu stehen. Auch wenn keine Weißen mitfuhren und die Neger sich eng zusammendrängen mußten, durften sie die zehn Plätze auf den ersten vier Reihen nicht benutzen. Aber man ging noch weiter. Wenn die weißen Fahrgäste schon sämtliche für sie reservierten Plätze eingenommen hatten und noch mehr Weiße zustiegen, wurden die Neger, die direkt hinter den Weißen saßen, aufgefordert, aufzustehen, damit sich die Weißen setzen konnten. Wenn sich die Neger weigerten, aufzustehen, und nach hinten zu gehen, wurden sie verhaftet. In den meisten Fällen fügten sie sich ohne Protest.«[1]

[1] M. L. King, Freiheit. Von der Praxis des gewaltlosen Widerstandes, S. 28

An diesem Abend wurde ausführlich in der Dexter Avenue Kirche beraten. Es ging darum, daß man dieses Mal mit einer Aktion endlich eine Verbesserung erreichen mußte. Zur großen Genugtuung aller Anwesenden fand die Besprechung in einer guten Atmosphäre statt mit einem hohen Maß an Einmütigkeit. Es dauerte wohl einige Stunden, aber dafür hatte man dann auch folgende Beschlüsse gefaßt:

Man wollte auf jeden Fall an einem Tag die Busse boykottieren, das heißt, nicht mit ihnen fahren. Ein zweiter wichtiger Punkt war, eine öffentliche Zusammenkunft zu veranstalten, bei der weitere Absprachen getroffen werden konnten. Schließlich wurde an diesem Abend beschlossen, die Schwarzen unter den Taxichauffeuren zu bitten, am Montag, dem Tag des Boykotts, alle Schwarzen zum Preis einer Busfahrkarte zu ihrer Arbeitsstelle zu fahren.

Martin Luther King brachte die Gefühle aller zum Ausdruck, als er bemerkte: »Auf der Uhr an der Wand ist es beinahe Mitternacht, aber auf der Uhr unserer Seelen bricht nun der Morgen an.«

Die Aktion kam in Gang, neue Flugblätter wurden gedruckt, verteilt und aufgeklebt: »Fahrt am Montag, dem 5. Dezember, nicht mit dem Bus zur Arbeit, in die Stadt, zur Schule oder sonst wohin! Wieder ist eine Negerin verhaftet und ins Gefängnis geworfen worden, weil sie sich weigerte, ihren Platz im Bus herzugeben.

Fahrt am Montag nicht mit den Bussen zur Arbeit, in die Stadt, zur Schule oder sonst wohin! Wenn Ihr zur Arbeit müßt, nehmt Euch ein Taxi, einer allein oder mehrere zusammen, oder geht zu Fuß!

Kommt ab Montagabend um 7.00 Uhr zur Massenversammlung in die Holt Street Baptist Church, um Euch weitere Instruktionen zu holen!«[2]

[2] M. L. King, Freiheit, S. 35–36

Während Martin Luther King noch einmal darüber nachdachte, kam er immer mehr zu der Überzeugung, daß diese Form des Protestes die einzig menschenwürdige war. Es mußte ein gewaltloser Boykott sein. Alle Aktionen, bei denen Menschen für ihre Rechte eintraten, mußten gewaltfrei verlaufen. Denn Gewalt erzeugt Gegengewalt und bringt die Menschen schließlich nur weiter von ihrem Weg ab anstatt zu ihm hin.

Martin Luther King schrieb später: »Wer auch nur passiv zum Bösen schweigt, macht sich ebenso schuldig wie der, der mithilft, es zu tun. Wer das Böse ohne Widerspruch hinnimmt, arbeitet in Wirklichkeit mit ihm zusammen. Wenn ein unterdrücktes Volk willig seine Unterdrückung hinnimmt, gibt es dem Unterdrücker nur eine bequeme Rechtfertigung seines Tuns. Oft merkt dieser gar nicht, daß er Böses tut, solange der Unterdrückte es hinnimmt. Daher hat ein rechtschaffener Mensch, der seinem Gewissen und Gott treu sein will, keine andere Wahl, als daß er sich weigert, mit einem bösen System zusammenzuarbeiten. Und das war das Ziel unserer Aktion. Von diesem Augenblick an betrachtete ich unsere Bewegung als einen Akt entschiedener Nicht-Mitarbeit (noncooperation) und gebrauchte nur noch selten das Wort Boykott.«[3]

Martin Luther King war es klargeworden, daß ungerechte Gesetze nicht anerkannt werden durften, sondern daß man sie bekämpfen mußte, wenn sie Menschen ernsthaft schadeten. Ein Vorbild wurde für ihn Mahatma Gandhi (1869–1948), der gewaltlos für die Unabhängigkeit Indiens von den Engländern gekämpft hatte. Gandhis Methode des gewaltlosen Widerstands half ihm, die Bergpredigt Jesu Christi nicht nur auf sein persönliches Leben, sondern auch auf das Leben in Montgomery und auf den Umgang der Völker miteinander anzuwenden.

[3] M. L. King, Freiheit, S. 38–39

Am Tag vor dem 5. Dezember gab es keinen Moment, in dem er nicht an den Boykott dachte. Ob dieser Boykott ein Erfolg werden würde? Mit derselben Frage legten sich an diesem Abend viele Schwarze in Montgomery zur Ruhe. Sie schliefen ein mit einem Wirrwarr an Gedanken, hin- und hergerissen zwischen Hoffnung, Ratlosigkeit und Zweifel. Einige schliefen ruhig, weil sie kindlich auf Gott und ihre Führer vertrauten, die sie am Morgen über das Vertrauen hatten predigen hören. Manche konnten nicht einschlafen, weil sie nicht mehr an ein günstiges Ergebnis nach soundsovielen vergeblichen Versuchen glaubten.

Über den folgenden Tag schrieb Martin Luther King: »Wir erwachten am Montagmorgen früher als sonst. Um 5.30 Uhr waren wir fertig angezogen. Der Tag des Protests war da, und wir hatten uns vorgenommen, uns den ersten Akt des Dramas, das sich nun abspielen sollte, anzusehen.

Da sich wenige Meter von unserem Haus entfernt eine Bushaltestelle befand, konnten wir den Beginn der Vorstellung von unserem Vorderzimmer aus beobachten. Der erste Bus mußte ungefähr um 6 Uhr vorbeikommen. Wir warteten also eine endlos scheinende halbe Stunde. Ich trank gerade in der Küche meinen Kaffee, als ich Coretta rufen hörte: »Martin, komm schnell!« Ich stellte meine Tasse hin und rannte ins Wohnzimmer. Freudig erregt zeigte Coretta auf einen langsam abfahrenden Bus: »Liebster, er ist leer!« Ich konnte es kaum fassen. Die South-Jackson-Linie, die an unserm Haus vorbeiführte, beförderte mehr Neger als die anderen Linien in Montgomery. Und dieser erste Bus war gewöhnlich mit Hausangestellten besetzt, die zu ihren Arbeitsstellen fuhren. Wir warteten nun gespannt auf den nächsten Bus. Nach fünfzehn Minuten fuhr er die Straße entlang, leer wie der erste. Ein dritter kam, und auch er war leer, bis auf zwei weiße Fahrgäste.

Ich sprang in meinen Wagen, fuhr fast eine Stunde lang kreuz und quer durch alle größeren Straßen und besah mir jeden vorüberfahrenden Bus. Während dieser Spitzenverkehrszeit am Morgen zählte ich nur acht Neger in den Autobussen. Ich jubelte. Statt der erhofften 60 % waren es fast 100 %, die sich an dem Protest beteiligten. Ein Wunder war geschehen! Die schlafenden, teilnahmslosen Neger waren erwacht.

Den ganzen Tag ging es so weiter. In der Hauptverkehrszeit am Nachmittag fuhren noch ebensowenig Neger in den Bussen wie am Morgen.«[4]

Daß das Recht seinen Lauf nehmen mußte, war auch die Meinung der weißen Bevölkerung und der Behörden von Montgomery. Allerdings verstanden sie unter Gerechtigkeit etwas ganz anderes als die Beendigung der Benachteiligung von schwarzen Fahrgästen. Deshalb wurde an diesem Tag Rosa Parks schuldig gesprochen. Sie hatte gegen die geltenden Bestimmungen verstoßen und wurde deshalb verurteilt. Die Weigerung, ihren Platz zu räumen, kostete sie eine Geldbuße von vierzehn Dollar.

Als die Leiter des Boykotts montags nachmittags zusammentrafen, wurde Martin Luther King zum Führer der Aktion gewählt. Alle waren sich darin einig, daß er der geeignetste Mann für diesen wichtigen Posten war. Er war als Neuzugezogener jemand, der über den Parteien stand. Denn auch in der schwarzen Bevölkerung herrschte keine Einigkeit, und man spürte, daß Martin Luther King es war, der diese verschiedenen Gruppen zu einer festen Einheit führen konnte. Damals war er erst 27 Jahre alt.

Montagabend fand nach dem ersten gelungenen Tag des Boykotts eine große Versammlung statt. Martin Luther King sollte einer der Sprecher sein. Er spürte, daß seine Worte an diesem Abend äußerst wichtig für das Gelingen der ganzen Aktion sein würden. Die Zeit zur Vorbereitung war kurz nach den vielen Besprechungen dieses Tages, we-

[4] M. L. King, Freiheit, S. 40

niger als eine Stunde. Sonst nahm er sich immer viel Zeit für seine Predigtvorbereitungen. Er faltete die Hände, schloß die Augen und betete aus vollem Herzen um Gottes Geist für diesen wichtigen Augenblick. Das gab ihm die Ruhe und Klarheit, seine Gedanken zu ordnen und die einzelnen Punkte seiner Ansprache zu überlegen.

Sein Problem war, den richtigen Mittelweg zu finden zwischen Protest und Liebe. Er begriff, daß es bei diesen Problemen nicht nur um Schwarze ging, sondern daß es die Weißen genauso betraf. Das Verhältnis war auf beiden Seiten gestört. Eine Stunde ist kurz, und es wurde Zeit für ihn, zur Kirche zu gehen. Er war erstaunt über den Betrieb auf der Straße; zuerst merkte er nicht, daß dieser Andrang etwas mit der großen Versammlung zu tun hatte. Das erkannte er erst, als er bei der Kirche ankam und die große Menge sah, die auch außerhalb der Kirche zusammengeströmt war. Mehr als viertausend Menschen waren gekommen. Es kostete ihn große Mühe, um durch die dichtgedrängte Menschenmasse die Kirche zu erreichen.

Die Zusammenkunft in der überfüllten Kirche begann mit dem Singen des bekannten Liedes: ›Vorwärts, Christi Streiter‹. Das Singen klang für Martin Luther King wie ein Echo aus dem Himmel, erzählte er später.

Nach einer Lesung aus der Bibel und einem Gebet sprach Martin Luther King zu den Versammelten, und seine Rede wurde mit Lautsprecher auch für die Zuhörer außerhalb der Kirche übertragen. Er sprach zu den Menschen über die schlechte Behandlung, die sie in den Bussen ertragen mußten.

Er rief sie dazu auf, mutig und mit Würde dagegen zu protestieren. So gehe es nicht länger, dieser menschenunwürdige Zustand müsse beendet werden. Aber, so schärfte er seinen Zuhörern ein, sie müßten im Sinne Jesu Christi handeln. Jesus Christus habe den Menschen gesagt, daß sie ihre Feinde lieben und die segnen sollten, die sie verfluch-

aus ganz Amerika und dem Ausland erhielt sie finanzielle Hilfe und moralische Unterstützung.

Durch so viel Anteilnahme gestärkt, begannen Martin Luther King und seine Freunde deshalb auch mit Hoffnung die Verhandlungen mit der Stadtverwaltung und dem Busunternehmen.

Aber leider brachte das ganze Gespräch und alle vorhergehenden Aktionen nicht mehr als die Zusage, daß die Schwarzen in Zukunft höflich behandelt würden. Die Enttäuschung der schwarzen Führer war genauso groß wie die Härte der Weißen.

Die schlimmsten Schwarzenhasser starteten eine Verleumdungskampagne. Man erzählte in der Stadt, daß das gesammelte Geld gar nicht für die Boykottbewegung verwendet werde, sondern daß die Führer davon teure Autos für sich selbst kauften.

Außerdem setzte die Stadt einen Artikel in die Zeitung, in dem von einer Übereinkunft zwischen der Stadt, dem Busunternehmen und den schwarzen Führern berichtet wurde. Offensichtlich dachten die Behörden, damit würden die Schwarzen den Busboykott beenden.

Es kostete Martin Luther King und die anderen Führer der Bewegung große Anstrengungen, hinter die Zusammenhänge dieses Schwindels zu kommen und die Schwarzen rechtzeitig aufzuklären. Doch die Benachrichtigung der schwarzen Pfarrer und anderer gelang, und der Busboykott ging unverändert weiter.

Daraufhin kündigte der Bürgermeister eine ›Politik der harten Hand‹ an. Die Verkehrskontrollen wurden verschärft, hauptsächlich gegenüber den schwarzen Autofahrern. Viele wurden von der Polizei angehalten und wegen wirklicher oder angeblicher Verkehrsdelikte aufgeschrieben. Passierte ihnen das mehrere Male, kamen sie ins Gefängnis.

Martin Luther King wußte, daß man es vor allem auf ihn

abgesehen hatte. Deshalb versuchte er, absolut vorschriftsmäßig zu fahren. Eines Tages wurde er von zwei Polizisten auf Motorrädern verfolgt. Sie ertappten ihn bei einer geringfügigen Geschwindigkeitsübertretung – oder besser, sie behaupteten, er habe die Geschwindigkeit übertreten – und fuhren mit ihm in einem Polizeiauto fort. Unterwegs bekam Martin Luther King immer mehr Angst, daß ihm etwas Schlimmes zustoßen könnte. Er wußte, daß viele Schwarze durch weiße Bürger heimlich ermordet worden waren. Vielleicht wollten die Polizisten ihn umbringen? Er war sehr erleichtert, als sie ohne Zwischenfälle am Gefängnis ankamen. Dort wurde er wie ein Verbrecher behandelt. Man nahm seine Fingerabdrücke und machte Fotos. Als Gefangener Nr. 7089 kam er in eine Zelle. Es war ein dunkler, schmutziger Raum, den er mit Trunkenbolden und Schwerverbrechern teilen mußte. Die Verhältnisse, die er hier sah, schockierten ihn. Nie hätte er gedacht, daß Menschen, auch wenn es Kriminelle waren, so behandelt wurden. Jetzt machte er am eigenen Leib diese Erfahrung.

Außerhalb des Gefängnisses hatte sich inzwischen eine Menschenmenge versammelt. Auf den Gefängnisdirektor machten sie einen bedrohlichen Eindruck. Er war sehr erleichtert, als Martin Luther King nach Zahlung einer Kaution entlassen werden konnte. Mit Jubel und Applaus wurde der Gefangene Nr. 7089 von seinen Freunden vor dem Gefängnis empfangen. Als er sie alle wieder um sich versammelt sah, faßt er neuen Mut. Nun fühlte er sich wieder sicher, er war nicht mehr allein!

Inzwischen nahm der Widerstand der Weißen immer gewalttätigere Formen an. Eine Flut des Hasses ergoß sich über Pfarrer King. Er war der Führer, auf den man seine Giftpfeile richten konnte. Ohne ihren Namen zu nennen, bedrohten anonyme Anrufer ihn und seine Frau bis tief in die Nacht mit üblen, haßerfüllten Beschimpfungen. Sogar die Post machte mit, indem sie alle Briefe an den ›Niggerpfarrer‹ (ohne Straße und Hausnummer) ihm auf der South-Jackson-Street 309 zustellte.

An einem späten Abend nahm Martin Luther King zum soundsovielten Mal müde den Hörer ab. »Hör zu, Nigger, wir werden uns an dir rächen. Bevor die Woche um ist, tut es dir leid, daß du jemals nach Montgomery gekommen bist!« fuhr eine kalte Stimme ihn an. Mit zitternder Hand legte Martin Luther King den Hörer auf.

Plötzlich war er am Ende seiner Kräfte. Dieses Leben konnte er nicht länger aushalten. Er konnte nicht mehr weiter und ließ sich der Verzweiflung nahe auf einen Stuhl in der Küche fallen. Den Kopf in seine Hände gestützt, starrte er vor sich hin. Die Zukunft war dunkel. Er seufzte tief, und sein Seufzen war ein Ruf nach Gottes Nähe. Er betete: »Herr, ich glaube, daß ich für eine gerechte Sache kämpfe. Aber jetzt habe ich Angst. Die Leute sehen auf mich als ihren Führer, und wenn ich so ohne Kraft und Mut vor ihnen stehe, werden sie auch wankend werden. Ich kann nicht mehr weiter. Ich habe den Punkt erreicht, wo ich es allein nicht mehr schaffe.«

In diesem Augenblick fühlte er sich so klein und machtlos, wie ein Mensch sich nur fühlen kann. Während er voll Vertrauen seinen Kummer und seine Last vor Gott aussprach, hörte er eine innere Stimme, die ihm die Nähe Gottes zeigte: »Stehe auf für die Gerechtigkeit! Stehe auf für die Wahrheit! Und Gott wird immer an deiner Seite sein.«

Die Kraft, die Martin Luther King durch dieses Erlebnis bekam, gab ihm den Mut weiterzumachen.

Am Abend des 30. Januar 1956 wurde eine Zeitbombe auf die Stufen vor der Wohnung des verhaßten schwarzen Pastors gelegt.

Martin Luther King hatte an diesem Abend seine Frau und sein Töchterchen alleine zu Hause gelassen und war schon früh zu einer Versammlung gegangen. In sicherem Abstand wartete der Attentäter auf die Explosion und die

Folgen des Anschlags. Die Bombe explodierte, aber die Auswirkungen der Explosion entsprachen nicht den offensichtlichen Erwartungen des Attentäters.

Die abscheuliche Waffe richtete nur materiellen Schaden an. Coretta King und ihre kleine Tochter blieben unverletzt. Der Attentäter hatte aber vermutlich auch die Schwarzen zur Gegengewalt reizen wollen. Und Martin Luther King war nicht zu Hause, um die Leute auf der Straße zu beruhigen und an Jesus Christus und die Gewaltlosigkeit zu erinnern.

Auf die Explosion hin waren viele Menschen zum Haus in der South-Jackson-Street gelaufen. Auch Bürgermeister Gayle und der Polizeikommissar Sellers begaben sich dorthin. Als sie ankamen, hatte sich schon eine drohende Menge versammelt, die sich nicht mehr einschüchtern ließ. Viele waren bewaffnet. Der Gesang der Menge – ›My country, 'tis of Thee‹ (Mein Land ist Dein Land, o Gott) – klang dem Bürgermeister und dem Kommissar wie ein Kampflied in den Ohren.

Man hatte Martin Luther King sofort benachrichtigt. Er kam aber nur langsam durch die überfüllte Straße zu seinem Haus. Voller Angst fragte er sich, ob seiner Frau und seiner Tochter etwas passiert war. Erleichtert sah er dann mit eigenen Augen, daß sie den Anschlag heil überstanden hatten.

Inzwischen war die Spannung auf ungekannte Höhe gestiegen. Der Bürgermeister und der Kommissar sahen sehr blaß aus und wußten nicht, was sie machen sollten. Hier half kein Drohen mit Gewalt. Die Menge war nicht mehr zu beruhigen und nach Hause ging sie auch nicht.

Aus der Verwüstung, die im Haus angerichtet worden war, folgte Coretta ihrem Mann nach draußen. Sie fühlte, daß dies einer der wichtigsten Augenblicke im Leben Martin Luther Kings sein könnte. Denn jetzt kam es darauf an, daß er in dieser Situation seinem Glauben folgen konnte.

Jetzt mußte es sich zeigen, ob seine Anhänger ihm auf dem Weg der Gewaltlosigkeit folgen würden. Er wollte der Gewalt des Attentäters mit Gewaltlosigkeit begegnen.

Als er in den Trümmern des Hauseingangs erschien, wurde die Menge still. Deutlich und entschlossen schallte seine Stimme durch die dunkle Straße. Er begann damit, daß seine Frau und seine Tochter Gott sei dank unverletzt geblieben waren. Dann bat er die Menschen, ruhig zu bleiben und nach Hause zu gehen: »Nun laßt uns nicht den Kopf verlieren ... Wenn ihr Waffen bei euch habt, nehmt sie wieder mit nach Hause. Wenn ihr keine habt, verschafft euch bitte auch keine! Wir können dieses Problem nicht durch Wiedervergeltung lösen. Wir müssen der Gewalt mit Gewaltlosigkeit begegnen. Denkt an die Worte Jesu: ›Wer das Schwert nimmt, soll durch's Schwert umkommen‹ ... Wir müssen unsere weißen Brüder lieben, gleichgültig, was sie uns antun. Wir müssen ihnen zeigen, daß wir sie lieben. Jesus ruft uns auch heute noch zu: ›Liebet eure Feinde; segnet, die euch fluchen; tut wohl denen, die euch hassen; bittet für die, die euch beleidigen und verfolgen.‹ Denkt daran: Selbst wenn ich den Kampf nicht weiterführen könnte, so wird doch die Bewegung weitergehen, weil Gott mit ihr ist. Geht nach Hause mit diesem sieghaften Glauben, mit dieser felsenfesten Gewißheit!«[5]

Erstaunt und wohl auch mit heimlicher Bewunderung sahen die Weißen zu, wie Martin Luther King die Menge durch seinen Glauben überzeugte.

Aus der Menge hörte man: »Amen« und »Gott segne dich!« Einige Menschen weinten. Still gingen die Menschen auseinander. Gewaltlosigkeit hatte über die Gewalt gesiegt, das Evangelium der Liebe über den Haß. Die Weißen atmeten erleichtert auf. Ein Polizist erklärte hinterher: »Ich will ganz ehrlich sein. Ich hatte an dem Abend Todesangst. Ich

[5] M. L. King, Freiheit, S. 112

Vor dem Essen singt die Familie King ein Tischgebet. (Foto USIS)

verdanke mein Leben dem Niggerprediger, und das tun alle Weißen, die dabei waren.«

Es gab Weiße, die meinten, daß man mit dem Bombenanschlag nun wohl zu weit gegangen war. In der folgenden Zeit erhielt Martin Luther King auch freundliche und ermutigende Anrufe von Weißen aus Montgomery.

Aber der Streit war noch nicht beendet. Die Stadtväter widersetzten sich bis zum äußersten. Wenn sie nachgegeben hätten, hätte das nämlich ihre endgültige Niederlage bedeutet. Der Gedanke, daß Schwarze ihren Willen gegen den Stadtrat durchsetzen könnten, war für sie unerträglich. Man suchte deshalb fieberhaft nach einem Grund, um den Boykott verbieten zu können.

Endlich meinte man, etwas gefunden zu haben. Es war noch ein altes Gesetz gegen den Boykott entdeckt worden. Aufgrund dieses Gesetzes wurde Pastor King gefangengenommen – zusammen mit mehr als hundert anderen Schwarzen. Der Richter verurteilte ihn zur Zahlung einer Buße von 500 Dollar oder 386 Tagen Gefängnis.

Martin Luther King empfand diese Verurteilung nicht als eine Strafe; er erklärte später: »Ich war stolz auf mein Verbrechen ... Mein Verbrechen war, daß ich meinem Volk das Gefühl der Würde und Selbstachtung einzuflößen suchte ...« Gegen eine Kaution wurde er freigelassen.

Als er das Gerichtsgebäude verließ, wurde er auf der Treppe von seiner Frau empfangen und zu seiner Verurteilung beglückwünscht. Seine weißen und schwarzen Freunde jubelten ihm auf der Treppe des Gerichtsgebäudes zu, als ob er einen Sieg errungen habe.

Aber die Stadtväter hatten nicht vor nachzugeben. Sie hatten noch mehr Eisen im Feuer. Während der Prozeß gegen Martin Luther King vor die nächste Instanz ging, erklärten sie, daß die Fahrgemeinschaften gesetzwidrig seien.

Ohne die Fahrgemeinschaften war der Boykott aber kaum aufrechtzuerhalten. Ein Erfolg im Kampf um Gleichheit in den Bussen schien weiter entfernt als je. Außerdem wußte niemand, wie lange die Schwarzen die ständigen Demütigungen und die Aussicht auf Verhaftung noch ertragen würden.

Am 13. November 1956 wurde der Antrag der Stadt auf Verbot der Fahrgemeinschaften vor Gericht verhandelt. Die Stadt wollte Schadenersatz für die ausgefallenen Busgebühren haben und klagte die Organisatoren der Fahrgemeinschaften außerdem an, sie seien ein privates Unternehmen ohne gesetzliche Lizenz, sie arbeiteten also ohne Erlaubnis.

Martin Luther King war einer der Hauptangeklagten. In einer Verhandlungspause entstand plötzlich Unruhe. Der Richter und zwei Anwälte wurden in ein Hinterzimmer gerufen. Kurz darauf kam ein Reporter mit einer Zeitung auf Martin Luther King zu: »›Hier ist die Entscheidung, auf die Sie gewartet haben. Lesen Sie!‹ Hastig, zwischen Angst und Hoffen, las ich die folgenden Zeilen: ›Das Oberste Bundesgericht bestätigte heute eine Entscheidung eines mit drei

Richtern besetzten Sondergerichts und erklärte die staatlichen und örtlichen Gesetze des Staates Alabama, die die Segregation (Rassentrennung) in den Bussen anordnen, für verfassungswidrig. Das Oberste Bundesgericht handelte ohne vorherige mündliche Verhandlung. Es erklärte einfach: Dem Antrag wird stattgegeben, und das Urteil wird bestätigt.‹«[6]

Bald hatte sich die Nachricht überall im Gerichtssaal herumgesprochen. Die Rassentrennung in den Bussen der Stadt Montgomery verstieß also gegen die Verfassung und mußte beendet werden! Tausende von Schwarzen gingen an diesem Abend auf die Straße, um ihren Sieg zu feiern. Sie waren glücklich. Der weiße Pfarrer Robert Graetz las ihnen aus der Bibel die Worte des Apostels Paulus an die Korinther vor: ». . . wenn ich allen Glauben habe, so daß ich Berge versetze, habe aber die Liebe nicht, so bin ich nichts . . . Die Liebe ist langmütig, sie ist gütig . . . Als ich ein Kind war, redete ich wie ein Kind, sann wie ein Kind, urteilte wie ein Kind; als ich ein Mann wurde, legte ich ab, was Kind an mir war.« Die Schwarzen würden fortan für voll angesehen und sich nicht mehr wie kleine Kinder behandeln lassen. Sie waren Menschen geworden, vollwertige, erwachsene Menschen, und das war ein Grund, fröhlich zu sein. Sie wußten, daß sie von jetzt an mitzählten. Die Gewaltlosigkeit und Glaube, Hoffnung und Liebe hatten gesiegt!

Nur der Ku-Klux-Klan versuchte noch, die Schwarzen mit Demonstrationen einzuschüchtern. Es war eine Organisation, die gegen Schwarze, Juden und Katholiken kämpfte und viele Morde auf dem Gewissen hatte. Wenn der Ku-Klux-Klan sein Erscheinen irgendwo ankündigte, schlossen sich die Schwarzen in ihre Wohnungen ein, ließen die Rollos herunter und drehten das Licht aus.

Für die Nacht nach dem 13. November kündigten Leute

[6] M. L. King, Freiheit, S. 133

vom Klan an, sie würden fünfzig Häuser in einer Nacht niederbrennen, auch das, in der Martin Luther King und seine Familie wohnten, und ihn erhängen.

Dieses Mal bereiten die Schwarzen dem Ku-Klux-Klan aber eine ganz neuartige Begrüßung, von der Martin Luther King erzählte: »Als der Klan mit etwa 40 Wagen angefahren kam, hatten die Neger Fackeln angezündet, und ihre Haustüren standen offen. Sie taten, als sähen sie sich eine Zirkusparade an. Viele liefen ganz harmlos auf der Straße umher, ohne sich merken zu lassen, was sie das kostete. Einige beobachteten den Umzug von den Stufen ihrer Häuser aus, andere winkten den vorüberfahrenden Wagen zu. Verdutzt bog der Klan nach kurzer Zeit in eine Seitenstraße ein und verschwand in der Nacht.«[7]

Solange die Gerichtsentscheidung für Montgomery noch nicht wirksam war, ging der Boykott weiter. Während der nächsten Wochen bereiteten sich die Schwarzen auf die neue Situation in den Bussen vor. Nach der Unterdrückung vieler Generationen mußte die Freiheit erst einmal geübt werden, vor allem, da mit Zorn und Gewaltanwendung von seiten einiger Weißer gerechnet werden mußte. Martin Luther King erzählte, wie sie sich auf die neue Situation einstellten:

»In jeder Massenversammlung betonten wir die Gewaltlosigkeit. Unser Hauptthema war, daß wir unseren Sieg nicht als Sieg über die Weißen auffassen dürften, sondern als Sieg der Gerechtigkeit und der Demokratie. Wir hämmerten unseren Zuhörern ein, daß wir, wenn wir wieder in den Bussen führen, die Leute nicht beiseiteschubsen und damit unnötigerweise auf unser Recht pochen dürften. Wir sollten uns einfach hinsetzen, wo ein Platz frei war.

In mehreren Versammlungen schulten wir die Leute, wie sie sich verhalten sollten. Wir stellten vor dem Altar eine

[7] M. L. King, Freiheit, S. 136

Reihe Stühle auf, die den Bus darstellen sollten. An der Spitze war der Fahrersitz. Dann wählten wir ein Dutzend ›Schauspieler‹ aus und übertrugen jedem eine Rolle für eine Situation, wie sie möglicherweise einmal eintreten konnte. Ein Mann war der Fahrer, die anderen waren weiße und farbige Fahrgäste. In beiden Gruppen gab es höfliche und feindselige Menschen. Im Beisein der übrigen Versammlungsteilnehmer führten die Schauspieler nun eine Szene auf, in der ein Fahrgast beleidigt oder geschlagen wurde. Dann kam eine andere Gruppe Schauspieler an die Reihe, und zum Schluß wurde über alles diskutiert.

Manchmal stellten die, die einen Weißen spielten, ihn mit solchem Eifer dar, daß sie von den Zuschauern getadelt werden mußten. Oft vergaß ein Neger, daß er gewaltlos bleiben sollte, und schlug heftig zurück. Dann versuchten wir seine Worte und seine Handlungsweise zu korrigieren.«[8]

Es war für Martin Luther King eine überwältigende Freude und Dankbarkeit, als er vor den Fernsehkameras zum ersten Mal in einen Bus stieg, in dem er frei seinen Platz aussuchen durfte. Dank des Fernsehens konnte ganz Amerika diesen historischen Augenblick miterleben. Der Busfahrer sah ihn freundlich an, und die hingehaltenen Mikrophone übertrugen seine Worte.

»Ich glaube, Sie sind Pastor King, oder?«

»Ja, das bin ich«, antwortete Martin Luther King.

»Wir freuen uns, Sie hier zu sehen?« fuhr der Busfahrer fort, während King eine Fahrkarte löste.

Aber die fanatischen Rassisten gaben nicht auf. Noch einmal kam es zu einem Ausbruch von Haß und Gewalt. Am Abend wurden die Busse von dunklen Plätzen aus beschossen. Auch gab es Bombenanschläge auf Kirchen von schwarzen Gemeinden und auf die Häuser der Führer der

[8] M. L. King, Freiheit, S. 136–137

Boykottbewegung. Martin Luther King litt besonders unter dieser Gewalt. Er kam nicht von dem Gedanken los, daß er der Schuldige war, weil er den Boykott eingeleitet hatte. Was hatten sie denn nun erreicht? Konnte das Leid, das den Menschen angetan wurde, durch die Gleichheit und Freiheit in den Bussen aufgehoben werden, nun, wo das Leben vieler Menschen in Gefahr war? War dieser Preis nicht zu hoch?

Trotz allem blieb er beim Prinzip der Gewaltlosigkeit. Er erklärte, daß er weiterhin unter allen Umständen gegen Gewalt sein werde: »Gewalt mit Gewalt lösen, löst nichts, es macht nur alles immer schlimmer. Dem Weg Jesu Christi folgen, ist das einzig richtige. Es ist der Weg des Kreuzes.«

Die Unruhen hörten jedoch ganz plötzlich auf. Man gewöhnte sich allmählich an die Aufhebung der Rassentrennung in den Bussen. Die schwarze Bevölkerung von Montgomery hatte alle Angst, Empörung und Schmerzen solange ausgehalten und den weißen Gegnern immer wieder eine Chance gegeben, bis sie ihr Recht bekam.

Der schwarze Dichter Booker Washington hatte sein Volk aufgefordert, die Unterdrückung ohne Widerstand zu erdulden. Die Idee eines gewaltlosen Kampfes war auch für die Schwarzen in Montgomery etwas Neues und Ungewohntes. Aber sie wurde bereitwillig aufgenommen. Über die Hintergründe für den gewaltlosen Widerstand schrieb Martin Luther King später:

»Das Schlagwort, das man am häufigsten hörte, war ›christliche Liebe‹. Es war mehr die Bergpredigt als die Lehre vom passiven Widerstand, die die Neger von Montgomery dazu inspirierte, in würdiger Form für ihre soziale Gleichberechtigung zu kämpfen. Es war Jesus von Nazareth, der die Neger anfeuerte, mit den Waffen der Liebe zu kämpfen.

Im Laufe der Zeit begann sich jedoch der Einfluß Mahatma Gandhis bemerkbar zu machen. Ich hatte schon frühzeitig erkannt, daß Christi Lehre von der Liebe zusammen mit Gandhis Methode der Gewaltlosigkeit eine der stärksten Waffen des Negers in seinem Kampf für die Freiheit war. Etwa eine Woche nach Beginn des Protestes schrieb eine weiße Frau, die die Ziele der Neger verstand und billigte, einen Brief an den Schriftleiter des ›Montgomery Advertiser‹, in dem sie den Bus-Protest mit der Bewegung Gandhis in Indien verglich ... Bald war der Name Mahatma Gandhis auch in Montgomery in aller Munde. Leute, die bisher nie von dem kleinen braunen Heiligen aus Indien gehört hatten, sprachen von ihm wie von einem alten Bekannten. Der gewaltlose Widerstand wurde die Methode, nach der die Bewegung arbeitete, die Liebe war die tragende Idee, die alles ordnete. Mit anderen Worten: Der Geist und die Beweggründe kamen von Christus, die Methode kam von Gandhi.«[9]

[9] M. L. King, Freiheit, S. 64

Jesus sagte: Stecke dein Schwert in die Scheide! Denn wer das Schwert nimmt, der soll durchs Schwert umkommen.

Matthäus 26,52

Vergeltet niemand Böses mit Bösem. Befleißiget euch der Ehrbarkeit gegen jedermann.

Ist es möglich, soviel an euch ist, so habt mit allen Menschen Frieden.

Rächet euch selber nicht, meine Lieben, sondern gebet Raum dem Zorn Gottes; denn es steht geschrieben: »Die Rache ist mein; ich will vergelten, spricht der Herr.«

Vielmehr: »Wenn deinen Feind hungert, so speise ihn; dürstet ihn, so tränke ihn. Wenn du das tust, so wirst du feurige Kohlen auf sein Haupt sammeln.«

Laß dich nicht vom Bösen überwinden, sondern überwinde das Böse mit Gutem.

Römer 12,17 – 21

We shall overcome

Es hatte sich etwas geändert im Süden der Vereinigten Staaten nach der erfolgreichen Aktion in Montgomery. Die Schwarzen hatten sich aus ihrer aussichtslosen und erniedrigenden Situation erhoben. Fortan zählten auch sie.

Aber Martin Luther King wußte, daß es noch ein langer Weg war, bis sie die Gleichberechtigung in allen Lebensbereichen bekommen würden. Er wußte, wie es schwarzen Mädchen wie Bessy erging, die keine Ausbildung machen konnten und nur einen schlechtbezahlten Arbeitsplatz fanden.

Fast alle Schwarzen mußten früh lernen, immer den untersten Platz einzunehmen und sich von den Weißen als schmutzig, dumm und faul beschimpfen zu lassen. Viele glaubten schließlich selbst, sie seien dümmer als die Weißen und häßlich.

Aus dem Busboykott in Montgomery wurde eine christlich geprägte Bürgerrechtsbewegung. Die Schwarzen wollten weiterkämpfen, bis sie die vollen Rechte amerikanischer Bürger erhielten.

Martin Luther King war erst 28 Jahre alt und doch schon ein im ganzen Land bekannter Prediger und Führer der Nation. Die Schwarzen erwarteten, daß er auch jetzt voranging und sie führte. Er hatte Angst, daß man nach dem großen Erfolg in Montgomery geradezu Unmögliches von ihm erwartete: »Man wird von mir erwarten, daß ich für den Rest meines Lebens Wunder vollbringe ... ich möchte mein Volk nicht enttäuschen, aber ich kann keinen Hasen aus dem Hut zaubern.«

Um die weiteren Aktionen der Bewegung zu führen, wurde die Southern Christian Leadership Conference (SCLC), die Christliche Führungskonferenz des Südens, gegründet. Sie bestand zum größten Teil aus schwarzen Pastoren. Martin Luther King erhielt den Vorsitz.

Foto dpa

Die Konferenz wollte unter anderem das Wahlrecht für Schwarze erkämpfen, das den meisten bisher vorenthalten worden war. Dafür wurde ein »Marsch für die Freiheit« organisiert. Beim Denkmal für Präsident Lincoln, unter dessen Regierung die Sklaverei abgeschafft worden war, versammelten sich am 17. Mai 1957 in Washington mehr als 37000 Menschen, weiße und schwarze. Als letzter sprach Martin Luther King. Seine wohlklingende Stimme schallte über die Menschenmenge. Eine Menge, die hoffte, daß seine Worte auch zum Präsidenten durchdringen würden. »Gebt uns Stimmzettel«, rief Martin Luther King, »und wir werden richtige Gesetze machen. Gebt uns Stimmzettel, und wir werden die Parlamente mit Männern guten Willens besetzen.«

Der Aufruf war über das Radio im ganzen Land zu hören. Aber der Weg zu den Herzen der Menschen ist meist der längste. Ein schneller Erfolg stellte sich nicht ein.

Martin Luther King merkte, daß er durch seine viele Arbeit für die Rechte der Schwarzen zu wenig Zeit für seine Gemeinde in Montgomery hatte. Nach einigem Überlegen beschloß er deshalb, nach Atlanta im Bundesstaat Georgia umzuziehen, seiner Heimatstadt, wo sein Vater noch immer Pfarrer war. Er hoffte, daß sein Vater ihm dort bei der Gemeindearbeit helfen konnte, so daß er mehr Zeit für seine Aufgaben in der Christlichen Führungskonferenz des Südens bekam.

Der Abschied von Montgomery war trotzdem für ihn schwer. Zusammen mit so viel guten Freunden aus der Gemeinde hatten er und seine Frau hier so viel erlebt. Glücklicherweise hatten die Gemeindeglieder Verständnis für die Entscheidung ihres Pastors. Mit einem sehr bewegenden Gottesdienst in der Dexter Avenue Kirche endete Martin Luther Kings Arbeit als Pfarrer in Montgomery. Die Gemeinde sang das Lied: ›Blest Be the Tie That Binds‹ (Gesegnet sind die Lasten, die binden). Martin Luther King weinte.

Protestmarsch in Montgomery/Alabama am 26. März 1965. Martin Luther King (Mitte) führt zusammen mit seiner Frau und Ralph Bunch eine Demonstration für die Bürgerrechte in den Südstaaten an. (Foto dpa)

Trotz seiner vielen Aufgaben schrieb er ein Buch über den Boykott in Montgomery. Es wurde in einer hohen Auflage verkauft und regte andere zu gewaltlosen Aktionen an.

Der schwarze Student Ezell Blair in Nord-Carolina schenkte das Buch einem Freund. Zusammen kamen sie auf die Idee, eine gewaltlose Aktion zu starten, um gegen die Rassentrennung in Imbißstuben und Restaurants zu protestieren. Sie begannen ihre Aktion am 1. Februar 1960.

Außerhalb der schwarzen Viertel wurden Schwarze nämlich nicht in Imbißstuben und Restaurants bedient. Sie mußten an den Hintereingang gehen und sich dort etwas zu essen oder zu trinken herausreichen lassen.

Ezell Blair, sein Freund und zwei andere schwarze Studenten setzten sich am 1. Februar wie Weiße in eine Imbißstube und baten darum, bedient zu werden. Das hielten sie zusammen mit anderen schwarzen Studenten tagelang durch. Es dauerte nicht lange, und überall wurden solche ›sit ins‹ veranstaltet. Mit dem Lesen eines Buches hatte es begonnen.

Die Studenten, die an den Sit-ins teilnahmen, trugen Tafeln, auf denen an die Lehren von Gandhi und King erinnert wurde. Auch in Supermärkten, Theatern und Bibliotheken wurden Sit-ins abgehalten.

Viele Studenten wurden verhaftet, aber die Aktionen gingen weiter.

Als Martin Luther King einmal an einem Sit-in in Atlanta teilnahm, wurde er zum soundsovielten Mal verhaftet. Die anderen Demonstranten kamen nach einer Woche frei, er aber nicht. Das Gericht war darauf aufmerksam gemacht worden, daß Martin Luther King einige Monate vorher mit einem ungültigen Führerschein gefahren war. Er hatte damals seinen Führerschein aus Alabama noch nicht gegen einen aus Georgia umgetauscht. Als die Polizei feststellte, daß er mit einem ungültigen Führerschein fuhr, wurde er verhaftet. Ein Gericht ließ ihn auf Bewährung wieder frei. Das bedeutete, bei der nächsten strafbaren Handlung würde er seine Strafe absitzen müssen. Dies zeigte, wie Willkür das Vorgehen der Polizei und der Gerichte gegen Schwarze beherrschte. Martin Luther King als ersten Führer der Bürgerrechtsbewegung wollten sie besonders treffen.

Nun, da er wegen der Übertretung eines Rassengesetzes bei dem Sit-in verhaftet worden war, kam ihn die Unachtsamkeit in bezug auf seinen Führerschein teuer zu stehen. Er wurde zu sechs Monaten Zwangsarbeit im Gefängnis von Reidsville verurteilt – ein Urteil, dessen Härte in keinem Verhältnis zur Tat stand.

Gefesselt wurde er weggeführt und dreihundert Kilometer von Atlanta entfernt in eine kleine, schmutzige Zelle geworfen. Nun war er weit fort von zu Hause, von seiner Frau und seinen Freunden.

Auch für Coretta King war das ein harter Schlag. Sie, die sonst immer ihren Mann ermutigte, bei der er immer die für ihn lebenswichtige Unterstützung fand, brach nun fast zusammen. Sie war schwanger und fühlte sich am Ende ihrer Kraft.

Der Präsidentschaftskandidat John F. Kennedy rief sie an und sagte ihr, daß er mit ihr und ihrem Mann mitleide. Sein Mitgefühl tat ihr gut, aber ihr Mann saß noch immer im Gefängnis.

Zum Glück konnte Robert Kennedy, der Bruder John F. Kennedys, erreichen, daß der einsame Gefangene gegen eine Kaution freigelassen wurde. Robert Kennedy war ein bekannter Mann im amerikanischen Senat. Ein einziger Telefonanruf beim Gericht genügte.

Überglücklich fielen sich der Freigelassene und seine Frau anschließend in die Arme.

Die Aktionen überall im Lande wurden weitergeführt. Neben den Sit-ins organisierten die Studenten jetzt auch die sogenannten Freiheitsfahrten.

Sie fuhren mit verschiedenen Buslinien, um unterwegs Warteräume zu benutzen, die nur für Weiße da waren.

Dieses Auftreten verursachte natürlich Schwierigkeiten. Oft lösten die Studenten wilde Szenen aus. Wütende Weiße schlugen auf die Demonstranten ein. Und wenn bei solchen Ausbrüchen Verhaftungen vorgenommen wurden, dann wurden immer die Anhänger der Gewaltlosigkeit gefaßt.

Aber über alle Tumulte hinaus bis in die Gefängnisse klang ihr Lied, das Lied, das das Lied der Bürgerrechtsbewegung wurde, ›We shall overcome‹:

»We shall overcome!	Wir werden die Ungerechtigkeit, das Böse überwinden!
We shall overcome!	Wir werden überwinden!

We shall overcome some day.	Eines Tages werden wir überwinden!
Oh, deep in my heart I do believe:	Tief in meinem Herzen glaube ich:
We shall overcome some day!	Eines Tages werden wir überwinden!
We'll walk hand in hand!	Wir gehen Hand in Hand!
We'll walk hand in hand!	Wir gehen Hand in Hand!
We'll walk hand in hand today.	Heute gehen wir Hand in Hand.
Oh, deep in my heart I do believe:	Tief in meinem Herzen glaube ich:
We shall overcome some day!	Eines Tages werden wir überwinden!
Black and white together!	Schwarz und Weiß zusammen!
Black and white together!	Schwarz und Weiß zusammen!
Black and white together some day!	Eines Tages Schwarz und Weiß zusammen.
Oh, deep in my heart I do believe:	Tief in meinem Herzen glaube ich:
We shall overcome some day!	Eines Tages werden wir überwinden!
We are not afraid!	Wir haben keine Angst!
We are not afraid!	Wir haben keine Angst!
We are not afraid today.	Heute haben wir keine Angst.
Oh, deep in my heart I do believe:	Tief in meinem Herzen glaube ich:
We shall overcome some day!	Eines Tages werden wir überwinden!
The trust will make us free!	Die Wahrheit wird uns frei machen!
The trust will make us free!	Die Wahrheit wird uns frei machen!
The trust will make us free some day.	Eines Tages wird uns die Wahrheit freimachen.
Oh, deep in my heart I do believe:	Tief in meinem Herzen glaube ich:
We shall overcome some day!«	Eines Tages werden wir überwinden!

Und das Volk ward erregt über Paulus und Silas, und die Stadtrichter ließen ihnen die Kleider abreißen und hießen sie mit Ruten schlagen.

Und da man sie hart geschlagen hatte, warf man sie ins Gefängnis und gebot dem Kerkermeister, daß er sie wohl verwahrte.

Der, da er solches Gebot empfangen hatte, warf sie in das innerste Gefängnis und legte ihre Füße in den Stock.

Um die Mitternacht aber beteten Paulus und Silas und lobten Gott. Und es hörten sie die Gefangenen.

Apostelgeschichte 16,22–25

Heute haben wir keine Angst mehr

Birmingham, 3. April 1963

Wenn es eine Stadt in Amerika gab, die bei der farbigen Bevölkerung einen schlechten Ruf hatte, dann war es Birmingham in Alabama. Allein der Name wirkte bedrohlich.

Hundert Jahre nach der Sklaverei schien Birmingham für jeden, der nicht weiß war, noch immer wie eine Hölle. Für die schwarze Bevölkerung in dieser Industriestadt war das Leben nicht mehr als eine Aneinanderreihung von Elend. Und das Schlimmste daran war, daß ein großer Teil der Schwarzen sein Elend als normal ansah. Ein Schwarzer wurde nun einmal wie eine schwarze Krähe (Jim Crow = Schimpfwort für Schwarze) behandelt, das war nur natürlich. Wer so unglücklich war, in Birmingham als Schwarzer geboren zu sein, verpaßte alle Chancen des Glücks und der Zufriedenheit. Als Kind mußte er seine Zeit auf der Straße verbringen, in Gassen und Winkeln, wo die Sonne nicht hinkam. Die Sonne war reserviert für die Weißen, die sich in ihren schönen Parks amüsierten, die Schwarze nicht betreten durften. Schlamm und Abfall waren das Spielzeug der schwarzen Kinder.

Ein Schwarzer mußte sein Leben eben verbrauchen, und es verbrauchte sich schnell durch das menschenunwürdige Leben im Getto. Nur für seine Arbeit durfte er das Getto verlassen. Und seine Arbeit war immer die schmutzigste, die zu finden war. Er brachte es nie weiter als bis zum Lastenträger oder Hilfsarbeiter. Weiße konnten sich hocharbeiten, für Schwarze war das unmöglich.

Die Schwarzen mußten wissen, wo ihr Platz war, und sollten sie es vergessen, so gab es genug Möglichkeiten, sie daran zu erinnern.

Toiletten für Schwarze, Wasserhähne und Kantinen für Schwarze ersparten den Weißen ihren Anblick. Als Schwarzer durfte man nicht wählen. Man durfte sich von den Weißen mißhandeln lassen. Weiße durften Schwarze quälen bis zum äußersten, und das taten sie auch. Straflos konnte ein Schwarzer verletzt oder getötet werden. Kein Gericht würde ihm recht geben.

Die Schwarzen in Birmingham waren rechtlos. Das einzige Recht, das sie hatten, war, in dieser Stadt zu leben.

Das beherrschende Wort hieß Angst. Die Schwarzen hatten Angst. Angst vor den weißen Herren, vor denen sie krochen, obwohl die Sklaverei schon seit hundert Jahren abgeschafft war. Angst vor einer immer wiederkehrenden Gewaltwelle. Angst davor, daß ihre Kirchen in Brand gesteckt wurden. Angst vor Bombenanschlägen auf ihre Führer. Es gab auch Angst bei den Weißen. Angst, die Schwarzen würden ebenfalls zu Gewalt greifen. Wie lange konnte man die Schwarzen noch unterdrücken, und was kam dann? Die Atmosphäre in Birmingham war durch Haß, Terror und Grausamkeit geladen. Die schwarze Verzweiflung war wie ein Pulverfaß; eines Tages konnte es sich entladen, und viele Menschen wußten das.

Diese Stadt weigerte sich, auch nach der Änderung des Schulgesetztes, schwarze und weiße Kinder zusammen in die Schule gehen zu lassen, weil sonst Blut in den Straßen fließen würde. ›Bull‹ Connor, Birminghams Polizeichef, unterdrückte die Schwarzen mit allen Mitteln und war auch noch stolz auf seine harten Methoden.

Unter der Leitung eines schwarzen Predigers aus Birmingham, Pfarrer Fred Shuttlesworth, wurden Protestaktionen organisiert. Man hatte auch Gespräche mit Weißen geführt, aber das hatte keine Verbesserungen gebracht. Deshalb riefen die schwarzen Führer von Birmingham schließlich Martin Luther King und seine Bürgerrechtsbewegung zu Hilfe.

Nach ausführlichen Beratungen beschloß man, mit verschiedenen kleinen Aktionen anzufangen. Gleichzeitig wollte man die schwarze Bevölkerung auf die Methoden

Die Menschen kommen zu Martin Luther King, wo er geht und steht. Hier spricht er mit einem blinden Mädchen, das nach einer Predigt den Wunsch hatte, ihn zu berühren. (Foto USIS)

des gewaltlosen Widerstandes vorbereiten und sie mit ihr einüben. Es stand für die Führer ohne Diskussion fest, daß auch in Birmingham nur Gewaltlosigkeit Erfolg haben könnte.

Während der Gespräche mit Martin Luther King mußte gerade ein neuer Stadtrat gewählt werden. Um unerwünschte Nebenwirkungen und Mißverständnisse zu vermeiden, beschlossen die Bürgerrechtler, mit den Aktionen erst nach den Wahlen zu beginnen.

Am Mittwoch, den 3. April 1963, fing die erste Aktion an. In verschiedenen Imbißstuben und anderen Lokalen veranstaltete man Sit-ins. Die Verhaftung der Demonstranten ließ nicht lange auf sich warten. Sie ließen sich widerstandslos im örtlichen Gefängnis einsperren.

Am Abend fand eine große Versammlung der schwarzen Bevölkerung von Birmingham statt. Aus voller Brust sang sie ihre Lieder und ließ sich durch die Reden ihrer Führer begeistern. Jeder, der mitmachen wollte, mußte zehn Gebote unterschreiben:

»1. Ich verpflichte mich, täglich über die Botschaft und das Leben Jesu nachzudenken.
2. Immer daran zu denken, daß die Gewaltlosigkeit Gerechtigkeit und Versöhnung erreichen will, nicht den Sieg.
3. Im Geist der Liebe zu sprechen und zu handeln; denn Gott ist Liebe.
4. Täglich zu beten, Gott möge mich gebrauchen, damit alle Menschen frei werden.
5. Persönliche Wünsche für die Freiheit der Menschen zu opfern.
6. Im Umgang mit Freunden und Feinden die Regeln der Höflichkeit zu beachten.
7. Zu versuchen, den Mitmenschen und der Welt zu dienen.

8. Mich der Gewalt von Faust, Zunge und Herz zu enthalten.
9. Danach zu streben, geistig und körperlich gesund zu sein.
10. Die Anweisungen der Bewegung und der Führer gehorsam zu befolgen.«

Es war bestimmt nicht leicht, diese Gebote zu befolgen. Trotzdem unterschrieben viele, weil sie begriffen, daß hierin die Kraft der Bewegung lag.

Am nächsten Samstag organisierte man einen Marsch zum Rathaus. An den Straßenrändern zeigten viele, daß sie die Anliegen der farbigen Bevölkerung unterstützten.

Über dem Ganzen lag eine Atmosphäre der Gemeinschaft, die beinahe mit der Hand zu greifen war. Die Menschen fühlten, daß sie zusammen zu einer neuen und besseren Zukunft unterwegs waren. Ganz nach den vereinbarten Regeln näherte sich der lange, eindrucksvolle Zug entschlossener Demonstranten dem Rathaus von Birmingham. Niemand erwartete von diesem Marsch schon große Veränderungen, aber es war ein Anfang.

Wie ein massiver Block des Hasses stand dort die Polizei Bull Connors und versperrte den Weg zum Rathaus. Die Anführer des Marsches wurden verhaftet. Sie wurden höflich behandelt; das war Vorschrift.

Das Vorhaben des Marsches schien mißlungen zu sein, aber das sah nur so aus. Dieser Marsch hatte für eine Umkehr gesorgt, und zwar mehr, als es die weißen Herren der Stadt vermuten konnten. Die Schwarzen von Birmingham begannen endlich, aus einem jahrhundertelangen bösen Traum zu erwachen. Die Proteste nahmen zu, weil die Schwarzen erkannten, wozu sie zusammen fähig waren.

Am 10. April erklärte der Stadtrat von Birmingham die Proteste für ungesetzlich. Damit brachte er Martin Luther King in eine schwierige Lage. Er hatte immer erklärt, er würde mit seiner Bewegung die Gesetze des Landes nicht übertreten. Jetzt stand er vor der schwierigen Entscheidung, ob er weitermachen sollte oder nicht. Nach langem Überlegen wußte er, daß er in diesem Fall nicht zum Gehorsam verpflichtet war. Dieses Gesetz, das die Proteste verbot, hielt nämlich die Ungerechtigkeit aufrecht, unter der so viele leiden mußten. Gott wollte, daß die Armen gut behandelt wurden. Er gab niemandem das Recht, Menschen zu Untermenschen zu erklären.

Martin Luther King wußte aber auch: Wenn er jetzt weitermachte, hatte die Stadt Birmingham wirklich einen Grund, ihn zu verhaften.

Er besprach seine Entscheidung auch mit seinen Freunden. Leider war dieses Problem nicht das einzige, das gelöst werden mußte. Die Bürgerrechtsbewegung hatte fast kein Geld. Für den darauffolgenden Demonstrationsmarsch war viel Geld nötig. Die Bewegung mußte nämlich damit rechnen, daß wieder zahlreiche ihrer Mitglieder verhaftet würden, und das bedeutete, daß sie viel Geld brauchte, um alle Kautionen zu zahlen. Außerdem mußten viele Familien unterstützt werden, solange die Väter im Gefängnis waren, weil sie dann kein Geld bekamen.

Der einzige, der für genug Geld sorgen konnte, war Martin Luther King. Aber wenn er auch verhaftet würde, hätte er natürlich keine Möglichkeit mehr dazu.

Martin Luther King fühlte sich besiegt: Wenn er mitging, folgte unweigerlich seine Verhaftung. Aber wenn er nicht mitging, würden das seine Anhänger nicht begreifen. Er wußte nicht, was er tun sollte, und bat um Bedenkzeit, um den richtigen Entschluß zu fassen. Er zog sich in ein kleines Zimmer zurück. Den Kopf in die Hände gestützt, ließ er seine Gedanken schweifen. Er sah die zwanzig Millionen schwarzer Menschen seines Landes, die von dem Tag träumten, an dem sie den Weg zum verheißenen Land der Gleichberechtigung und Freiheit finden würden. Nachdem er dieses Wunschbild auf sich wirken gelassen hatte, stand sein Entschluß fest: Er würde an dem Marsch teilnehmen. Inzwischen warteten seine Freunde mit großer Spannung auf seine Entscheidung. Sie waren erleichtert, als er sagte: »Ich nehme an dem Marsch teil. Ich kann nicht übersehen, wie es enden wird, aber ich spüre, daß ich mitgehen muß. Ich muß es als Tat meines Glaubens tun!«

Er sah seinen Freund Ralph Abernathy an und fragte ihn: »Ralph, machst du auch mit?«

Auch Ralph Abernathy ging mit.

Der Marsch verlief, wie sie es erwartet hatten. Die Schwarzen hielten sich an die unterschriebenen Gebote.

Der Polizeichef ließ Martin Luther King und die anderen Führer verhaften. Für King hatte sich Bull Connor etwas Besonderes ausgedacht. Er kam in Einzelhaft und durfte keinen Besuch und keinerlei Kontakt zur Außenwelt haben.

Dies war einer der dunklen Augenblicke in seinem Leben. In seiner Zelle hatte Martin Luther King das Gefühl, er sei von allen verlassen. Ihm war, als habe ihn die Welt vergessen. Aber auch seine Frau Coretta hatte es sehr schwer. Es war noch nie passiert, daß sie ihren Mann im Gefängnis nicht mehr sprechen konnte. Gerade jetzt war der Kontakt so wichtig für beide. Sie hatte erst vor kurzem ein Kind geboren, und sie machte sich jetzt große Sorgen. Wie würde es ihrem Mann gehen? Sie hörte gar nichts von ihm, und niemand konnte ihr irgendeine Information geben.

In ihrer Verzweiflung rief sie Präsident Kennedy an. Sie konnte ihn nicht selbst sprechen, aber glücklicherweise wurde er von seinem Bruder informiert. Der Präsident und sein Bruder wandten sich an die Stadt Birmingham, und die Haftumstände des einsamen Gefangenen besserten sich erheblich. Jetzt durfte er seine Frau anrufen und konnte unter vier Augen mit seinem Rechtsanwalt sprechen.

Coretta King war glücklich, als sie die Stimme ihres Mannes wieder hörte.

Der Anwalt hatte große Neuigkeiten. Er erzählt, daß der bekannte Sänger Harry Belafonte, Freund und Verehrer Martin Luther Kings, genug Geld gesammelt hatte, um ihn durch eine Kaution freizubekommen. Jetzt erkannte er, daß Gott ihm selbst in den dunkelsten Momenten seines Lebens nahe war. Gott ließ sich nicht durch die Türen des Gefängnisses von Birmingham zurückhalten. Durch diesen Glauben, das Mitgefühl seiner vielen Freunde und natürlich vor allem auch durch die Unterstützung seiner Frau, die immer hinter ihm stand, konnte er durchhalten.

Einen Teil seiner Gefängniszeit verbrachte er damit, einen Brief an eine Reihe weißer Pfarrer in Birmingham zu schreiben, den ›Brief aus dem Gefängnis in Birmingham‹. Die weißen Kollegen hatten ihm einen Offenen Brief in einer Zeitung geschrieben mit Kritik an seinem Auftreten in ihrer Stadt. Sie warfen ihm vor, daß er sich als Außenstehender in eine Situation eingeschaltet habe, die er nicht kenne. Auch meinten sie, daß er nicht auf die richtige Art protestiert habe. Es wäre besser gewesen, schrieben sie, wenn er statt der Protestaktionen Gespräche mit der Stadtverwaltung geführt hätte. Am Schluß des Briefes beschuldigten sie ihn, er habe gegen die Gesetze verstoßen, und seine Methoden seien extremistisch.

Martin Luther King war bestürzt über so viel Unverständnis bei seinen weißen Kollegen. Deshalb begann er mit einer ausführlichen Antwort, die er zunächst auf dem weißen Rand der Zeitung notierte. Als ein schwarzer Aufseher ihm ein paar Blätter aus seinem Notizbuch gab, konnte er darauf weiterschreiben. Es kostete ihn viel Mühe, um über seinen Anwalt einen Schreibblock zu bekommen.

In seiner Antwort erklärte er seinen Kollegen, daß er in Birmingham sei, weil Freunde ihn eingeladen hätten. »Wenn irgendwo Unrecht geschieht, ist niemand ein Unbeteiligter, denn Unrecht geht jeden an.«

Stück für Stück behandelte er alle Einwände aus dem Of-

Martin Luther King im Gefängnis von Birmingham/Alabama bei Verbüßung einer seiner vielen Freiheitsstrafen (30. Oktober–3. November 1967). (Foto dpa)

fenen Brief. Er erklärte seinen Kollegen, daß nicht die Demonstrationen verurteilt werden mußten, sondern die Tatsachen, die zu solchen Demonstrationen führten.

Die Tatsachen seien bedauernswert. Unrecht, Haß, Terror und Erniedrigungen müßten abgeschafft werden. Die schrecklichen Untaten an der schwarzen Bevölkerung müßten ein Ende finden. Daß man erst nach den Wahlen mit den verschiedenen Aktionen begonnen habe, beweise, daß die Bewegung den richtigen Augenblick gewählt habe.

340 Jahre Warten auf die Rechte, die in der Verfassung allen Bürgern garantiert seien, sei doch wohl lange genug. Jeder Tag länger sei zuviel, und jeder Moment sei deshalb der richtige Moment.

Sehr sorgfältig argumentierte er, daß es zwei Arten von Gesetzen gebe. Es gebe gerechte Gesetze und leider auch ungerechte.

Er verwies auf den Kirchenvater Augustin aus den ersten Jahrhunderten des Christentums, der schon erklärt habe, daß ein ungerechtes Gesetz eigentlich kein Gesetz sei. Ungerechte Gesetze seien Gesetze, die die Persönlichkeit zerstörten. Sie seien daran zu erkennen, daß sie die Menschen ungleich behandelten. Außerdem sei der Gehorsam gegenüber Gottes Geboten wichtiger als der Gehorsam gegenüber irgendwelchen irdischen Gesetzen. Adolf Hitler habe viele Gesetze für sein Land gemacht, durch die schließlich Millionen den Tod fanden. Aber niemand konnte angeklagt werden, denn alles war gesetzlich geregelt.

Martin Luther King schrieb, daß er enttäuscht sei von all den Menschen, die die schweigende Mehrheit bildeten. Die Menschen, die alles so ließen, wie es war, die mehr für die Ordnung als für die Gerechtigkeit waren. Sie seien für ihn das große Hindernis auf dem Weg zu Frieden und Gerechtigkeit für alle, weil sie in den Protesten nur eine Störung der Ordnung und etwas Böses sahen. Sehr scharf stellte er seinen Kollegen die Frage, ob sie denn auch Jesus verurteilen würden, weil er gekreuzigt wurde und dadurch der Auslöser des Bösen und der Gewalt bei der Kreuzigung gewesen sei und die Ordnung gestört hätte. Wenn Jesus den jüdischen Führern gehorcht hätte, dann hätte er niemand einen Anlaß gegeben, ihn zu töten. Nein, Jesus sei nicht die Ursache für Böses gewesen: Er prägte seinen Jüngern ein, ihre Feinde zu lieben. Das Böse sei von den Menschen gekommen.

Am Schluß des Briefes schrieb Martin Luther King, er sei enttäuscht über die Reaktion der Kirche. Sie habe insgesamt nicht verstanden, daß die Schwarzen darum kämpften, den Platz zu bekommen, der ihnen als Geschöpfe Gottes und als Brüder zustand. »Die Kirche spricht wohl schöne Worte, aber sie weigert sich, sie in die Tat umzusetzen.« Er warf der Kirche vor, daß sie sich nicht mit weltlichen Dingen befassen wolle, gerade jetzt, wo es so nötig sei. Bis auf einige Ausnahmen stünden die Kirchenführer abseits und sprächen ihre frommen Gebete. Aber beinahe niemand folge der Spur Jesu Christi, des Extremisten der Liebe.

King konnte einfach nicht begreifen, daß die Kirche so reagierte. Hatte sie denn nicht von den Propheten gelernt, die immer wieder für Gerechtigkeit eingetreten waren?

Noch nie hatte er so einen langen Brief geschrieben, aber womit konnte er seine Zeit besser füllen an den langen, einsamen Tagen in seiner Zelle? Jetzt hatte er Zeit, über jedes Wort, das er dem Papier anvertraute, nachzudenken und zu beten.

Er hoffte, daß dieser gut durchdachte und ausgewogene Brief die Augen seiner Kollegen für das große Unrecht in Birmingham und für ihren Auftrag öffnen würde.

Nach acht Tagen wurden Martin Luther King und sein Freund Ralph Abernathy endlich gegen eine Kaution freigelassen.

Jetzt konnten wieder neue Aktionen geplant werden. Ausführlich wurde überlegt, was am besten zu tun sei.

Auf Anraten Martin Luther Kings wurde zum ersten Mal beschlossen, auch Schüler und Studenten bei den Aktionen zu beteiligen. Aber bevor es soweit war, wollte man die Jugendlichen gründlich informieren.

Man mußte ihnen erklären, was von ihnen erwartet wurde und was nicht. Deshalb wurden auch für die jugendlichen Aktionsführer Übungen in gewaltlosem Widerstand veranstaltet.

Eins der Ziele der Bewegung war, der schwarzen Jugend eine gute Zukunft zu erkämpfen. Deshalb war es einleuchtend, daß sie sich an diesem Kampf beteiligte. Niemand konnte voraussagen, wie die Behörden darauf reagieren würden. Sicher würden durch so viele neue Teilnehmer die Gefängnisse überfüllt werden.

»Füllt die Gefängnisse!«, hatte Gandhi gesagt. Dann müßte die Stadt erst recht etwas unternehmen. In Birmingham wurde Gandhis Rat befolgt, und Tausende gingen auf die Straße, um zu demonstrieren und sich unter Umständen auch gefangennehmen zu lassen. Die Polizei schlug gnadenlos zu. Hunde und Wasserwerfer jagten die Kinder von den Straßen und Plätzen. Dieses Eingreifen schockierte die Menschen in aller Welt, als sie auf dem Bildschirm zusahen, wie Hunde Kinder und Jugendliche anfielen und die Wasserwerfer die Menge von den Straßen fegten.

Aber selbst Hunde und Wasserwerfer konnten die Bewegung nicht aufhalten. Und obwohl schwarze Eltern mit Angst und Schrecken ihren Kindern nachsahen, wenn sie zu einer neuen Demonstration gingen, waren nur wenige unter ihnen, die ihre Kinder davon abhalten wollten. Die meisten Eltern waren stolz auf diesen gewaltlosen, aber dafür um so tapfereren Einsatz ihrer Söhne und Töchter.

Am Sonntagnachmittag nach der bisher blutigsten Demonstration marschierte jung und alt einmütig zum Gefängnis von Birmingham, um für die Menschen zu beten,

Gewalttätigkeiten der Polizei bei einer Demonstration in Birmingham. Auch Hunde werden eingesetzt. (Foto AP)

die dort gefangengehalten wurden, nur weil sie für ihre Rechte eingetreten waren. Sie wurden von der Polizei mit Hunden und einsatzbereiten Wasserwerfern erwartet.

Aus den Lautsprechern klang der Befehl der Polizei: »Dreht um!« Die Menge weigerte sich aber zu gehorchen und marschierte entschlossen weiter. Da befahl Bull Connor den Polizisten den Einsatz: »Dreht die Wasserwerfer auf!«

Was jetzt passierte, hatte es noch nie vorher gegeben. Die Hüter der Ordnung und des Rechts standen wie gelähmt da, sie griffen nicht ein und ließen den Zug ungehindert weitergehen.

Zum ersten Mal hatte die Gewaltlosigkeit über die Gewalt gesiegt. Vor dem Gefängnisgebäude sank die Menge auf die Knie und betete zu Gott.

Von diesem Moment an schien es, daß die Aktionen Erfolg hatten. Erst wurde heimlich verhandelt. Die Schwarzen forderten die Aufhebung der Rassentrennung in Imbißstuben, Warteräumen und an Trinkbrunnen. Auch verlangten sie, daß für sie mehr und bessere Arbeitsplätze geschaffen wurden. Die gefangengenommenen Demonstranten sollten freigelassen werden und weitere Pläne zur Integration[10] bald folgen.

Die Bereitschaft der Weißen, diese Forderungen zu erfüllen, war nicht groß. Nach endlosen Verhandlungen sah es so aus, als würden die Gespräche auf nichts hinauslaufen. Während die Verhandlungen schon wieder einen ganzen Morgen dauerten, füllten sich die Straßen der Stadt von neuem mit Demonstranten. Die Freiheitslieder schallten durch die Straßen, die überfüllt waren mit hauptsächlich jungen Demonstranten.

Den weißen Teilnehmern der Geheimverhandlungen war beklommen zumute. Zum Glück war es kurz vor der Mittagspause, in der sie sich entspannen und miteinander beraten konnten.

Die weißen Verhandlungsführer verließen das Gebäude und wollten irgendwo in der Stadt zu Mittag essen. Aber draußen herrschte ein solcher Betrieb, daß sie nicht durchkamen. Was sie wohl begriffen, war, daß sie diese Bewegung icht mehr aufhalten konnten. Oh e geges en zu h -b n, kehr en sie urück. Bei der Wiedera fnahme der Gespräche ergriff einer von ihnen das Wort.

»Ich habe noch einmal darüber nachgedacht. Wir müssen doch sehen, daß wir eine Lösung für die Angelegenheit finden.«

Diese Bemerkung läutete den Anfang einer Lösung ein.

10 Integration: Aufhebung der Rassenschranken, Eingliederung der Schwarzen in die weiße Gesellschaft
Segregation: Rassentrennung, verbunden mit der Unterdrückung der Schwarzen

Die Besprechungen wurden fortgesetzt, und drei Tage später wurden die Forderungen der Schwarzen angenommen. Daraufhin brach eine Welle weißen Hasses los, der auch durch Angst vieler Weißer vor den Schwarzen genährt wurde. Bombenanschläge auf Häuser und Kirchen der Schwarzen waren an der Tagesordnung. Niemand war jetzt noch seines Lebens sicher, so daß der Präsident es für nötig hielt, das Militär nach Birmingham zu beordern, um die Ruhe wieder herzustellen.

Auch Martin Luther King entkam diesmal nur knapp einem Bombenanschlag. Aber das Haus seines Bruders, von dem die Täter dachten, er – Martin – befände sich darin, wurde vollständig zerstört.

Die schwarze Bevölkerung war vorbereitet und antwortete nicht mit den gleichen Mitteln. Wenn sie vorher nicht intensiv gewaltloses Handeln geübt und immer wieder durchdacht hätte, wäre es zu einem schrecklichen Blutbad und bürgerkriegsähnlichen Zuständen in Birmingham gekommen. Nun aber siegten Frieden und Gerechtigkeit.

Ich habe einen Traum

Birmingham war eine der Städte, in denen die Schwarzen jetzt aufrechter gingen als vorher. Und das lag an den Veränderungen, die durch die Bürgerrechtsbewegung erreicht worden waren. Die Schwarzen hatten jetzt ein neues Selbstwertgefühl. Aber dies war erst der Anfang. Die Schwarzen mußten nicht nur nach dem Gesetz, sondern auch im Leben den Weißen gleichgestellt werden.

Gleiche Arbeit – gleicher Lohn, gleiche Ausbildung und gleiche Versorgung wie die Weißen, das mußte die natürlichste Sache der Welt werden. Aber so weit war es noch lange nicht. Es mußte noch viel getan werden.

Philip Randolph, einer der Führer der Bürgerrechtsbewegung, empfahl deshalb, alle Menschen guten Willens bei einer großen Aktion zu vereinigen. Man beschloß, einen Marsch nach Washington zu organisieren, der Stadt des Präsidenten und der Regierung.

Vor dem ganzen Volk würde man die Einheit der schwarzen Amerikaner und ihrer weißen Mitstreiter demonstrieren. Man würde an das Gewissen des Volkes appellieren – für Freiheit und Arbeit für alle.

Den Unheilspropheten, die Angst hatten, daß die Sache vielleicht unkontrollierbar würde, wenn man zu so vielen aufmarschierte, wurde zum Glück nicht geglaubt.

Unter der ermutigenden und anfeuernden Führung von Martin Luther King begann man, den Marsch zu organisieren.

Endlich brach der langersehnte Tag an, auf den die schwarzen Amerikaner ihre Hoffnung gesetzt hatten, der 23. August 1963. Von nah und fern waren sie nach Washington gekommen, beseelt von denselben Idealen. Viele Gebildete gingen Arm in Arm mit einfachen, unbekannten Menschen. Schwarze bekannte Persönlichkeiten mar-

Höhepunkt des Marsches auf Washington am 23. August 1963: Blick vom Hubschrauber auf die Demonstration vor dem Lincoln-Denkmal. (Foto AP)

schierten zusammen mit unbekannten weißen Bürgern. Politiker mit weißer Hautfarbe fühlten sich zu Hause zwischen ihren schwarzen Mitmenschen.

250 000 gingen in brüderlicher Einigkeit und hoffnungsvoller Stimmung zum Lincoln-Denkmal.[11]

Dort, an diesem denkwürdigen Ort, wandten sich die Führer an die ganze Nation. Dank des Radios und Fernsehens, die ausführlich aus Washington berichteten, konnte die ganze Welt hören, was die schwarzen Amerikaner verlangten.

Bekannte Sänger sangen, auch Mahalia Jackson. Als letzter Sprecher stand Martin Luther King auf dem Programm. Er hatte seine Rede sehr gut vorbereitet.

Als er nun am Mikrophon stand, war er sehr bewegt. Man hörte es an seiner Stimme, und seine Frau sah es an seiner Haltung.

Martin Luther King sagte, daß Amerika den Schwarzen einen ungedeckten Scheck gegeben habe; es sei seinen Verpflichtungen nicht nachgekommen. Aber heute sei man nun hier, um den Scheck einzulösen. Der Gedanke, daß kein Geld auf der Bank der Gerechtigkeit sei, werde nicht akzeptiert. Martin Luther King forderte für die Schwarzen Freiheit und Arbeit, und zwar *jetzt!* Die Hunderttausende übernahmen seine Worte.

Rhythmisch schallte das *Jetzt* durch die Menge, und dies inspirierte Martin Luther King zu Worten, die er nicht aufgeschrieben hatte. Er vergaß seinen sorgfältig vorbereiteten Text, und neue Worte und Gedanken kamen ihm. Aus seinem bewegten Herzen klang seine mächtige Stimme über die Menge.

Seine Frau sagte später, sie hätte ein Gefühl gehabt, als öffnete sich der Himmel:

[11] Abraham Lincoln: während seiner Präsidentschaft wurde die Sklaverei 1863 in den Vereinigten Staaten abgeschafft.

»Ich habe einen Traum ...

Heute sage ich euch, meine Freunde, trotz der Schwierigkeiten von heute und morgen habe ich einen Traum. Es ist ein Traum, der tief verwurzelt ist im amerikanischen Traum. Ich habe einen Traum, daß eines Tages diese Nation sich erheben wird und der wahren Bedeutung ihres Credos gemäß leben wird: ›Wir halten diese Wahrheit für selbstverständlich: daß alle Menschen gleich erschaffen sind.‹ Ich habe einen Traum, daß eines Tages auf den roten Hügeln von Georgia die Söhne früherer Sklaven und die Söhne früherer Sklavenhalter miteinander am Tisch der Brüderlichkeit sitzen können. Ich habe einen Traum, daß sich eines Tages selbst der Staat Mississippi, ein Staat, der in der Hitze der Ungerechtigkeit und Unterdrückung verschmachtet, in eine Oase der Freiheit und Gerechtigkeit verwandelt.

Ich habe einen Traum, daß meine vier kleinen Kinder eines Tages in einer Nation leben werden, in der man sie nicht nach ihrer Hautfarbe, sondern nach ihrem Charakter beurteilen wird. Ich habe einen Traum ... Ich habe einen Traum, daß eines Tages in Alabama, mit seinen bösartigen Rassisten, mit einem Gouverneur, von dessen Lippen Worte wie ›Intervention‹ und ›Annullierung der Rassenintegration‹ triefen ..., daß eines Tages genau dort in Alabama kleine schwarze Jungen und Mädchen die Hände schütteln mit kleinen weißen Jungen und Mädchen als Brüder und Schwestern.

Ich habe heute einen Traum ... Ich habe einen Traum, daß eines Tages jedes Tal erhöht und jeder Hügel und Berg erniedrigt wird. Die rauhen Orte werden geglättet und die unebenen Orte begradigt werden.

Und die Herrlichkeit des Herrn wird offenbar werden, und alles Fleisch wird es sehen. Das ist unsere Hoffnung. Mit diesem Glauben kehre ich in den Süden zurück. Mit diesem Glauben werde ich fähig sein, aus dem Berg der Verzweiflung einen Stein der Hoffnung zu hauen. Mit diesem

Glauben werden wir fähig sein, die schrillen Mißklänge in unserer Nation in eine wunderbare Symphonie der Brüderlichkeit zu verwandeln. Mit diesem Glauben werden wir fähig sein, zusammen zu arbeiten, zusammen zu beten, zusammen zu kämpfen, zusammen ins Gefängnis zu gehen, zusammen für die Freiheit aufzustehen, in dem Wissen, daß wir eines Tages frei sein werden, dann werden wir den Tag beschleunigen können, an dem alle Kinder Gottes – schwarze und weiße Menschen, Juden und Heiden, Protestanten und Katholiken – sich die Hände reichen und die Worte des alten Negro Spiritual singen können: ›Endlich frei! Endlich frei! Großer allmächtiger Gott, wir sind endlich frei!‹«[12]

Nach diesen ergreifenden Worten blieb es einen Augenblick atemlos still. Es war eine ehrfurchtsvolle Stille. Aber dann brach die Menge in einen ungeheuren Jubel aus, die Begeisterung kannte keine Grenzen mehr.

Coretta King hatte in diesem Moment das Gefühl, als sei das Königreich Gottes auf Erden angebrochen.

Mitten in diesem phantastischen Geschehen stand ein kleiner dunkelhäutiger Mann, Martin Luther King, kaum noch Herr seiner Gefühle.

Jetzt wußte er es genau, dieses gewaltige Ereignis hatte ihn überzeugt wie eine Stimme aus dem Himmel, daß alles gut werden würde zwischen den Völkern der Erde.

[12] aus: Martin Luther King, Testament der Hoffnung. Letzte Reden, Aufsätze und Predigten. Eingeleitet von Heinrich W. Grosse. (GTB Siebenstern 79) Gütersloher Verlagshaus Gerd Mohn, Gütersloh, 5. Auflage 1983, S. 124–125

Ich habe einen Traum

»Da werden die Wölfe bei den Lämmern wohnen und die Panther bei den Böcken lagern. Ein kleiner Knabe wird Kälber und junge Löwen und Mastvieh miteinander treiben.

Und ein Säugling wird spielen am Loch der Otter, und ein entwöhntes Kind wird seine Hand stecken in die Höhle der Natter.

Man wird nirgends Sünde tun und noch freveln auf meinem ganzen heiligen Berge; denn das Land wird voll Erkenntnis des Herrn sein, wie Wasser das Meer bedeckt.«

Jesaja 11,6,8–9

Ich habe einen Traum

»Er wird unter großen Völkern richten und viele Heiden zurechtweisen in fernen Landen. Sie werden ihre Schwerter zu Pflugscharen und ihre Spieße zu Sicheln machen. Es wird kein Volk wider das andere das Schwert erheben, und sie werden hinfort nicht mehr lernen, Krieg zu führen.

Ein jeder wird unter seinem Weinstock und Feigenbaum wohnen, und niemand wird sie schrecken. Denn der Mund des Herrn Zebaoth hat's geredet.«

Micha 4,3–4

Ich habe einen Traum

»Jesus sagte: Ich bin der gute Hirte ... Und ich habe noch andere Schafe, die sind nicht aus diesem Stalle; und auch diese muß ich herführen, und sie werden meine Stimme hören, und wird *eine* Herde und *ein* Hirte werden.«

Johannes 10,11 und 16

Endlich frei ...

Zeitungsmeldung: »... der Leiter der amerikanischen Negerorganisation Southern Christian Leadership Conference (SCLC), Pastor Martin Luther King, Gewinner des Friedensnobelpreises 1964 für seine Strategie der Gewaltlosigkeit im Kampf um die Bürgerrechte für die Neger, wurde Donnerstagabend, den 4. April, in Memphis, Tennessee, von einem Weißen ermordet, als er auf dem Balkon seines Motelzimmers stand und mit einigen Mitarbeitern sprach ...«

In der Stadt Memphis streikten im Frühjahr 1968 die Müllarbeiter. Sie waren die schlechtbezahltesten Arbeiter mit der niedrigsten sozialen Stellung. Schon seit sieben Wochen hielten sie den Kampf um bessere Arbeitsbedingungen und gerechten Lohn durch. Bis jetzt hatte ihre Aktion keinen Erfolg gehabt. Wen interessierte schon eine Gruppe schwarzer Müllarbeiter?

Martin Luther King fand, daß schwarz und arm sein zuviel des Bösen war. Er wollte auch für die Weißen kämpfen, die in Armut lebten. Deshalb bereitete er mit seinen Mitarbeitern einen »Marsch der Armen« vor.

Es mußte eine große nationale Aktion werden, ein Appell an ganz Amerika, den Reichtum des Landes ehrlich zu verteilen. Und obwohl er dafür sehr viel zu tun hatte, wollte Martin Luther King sich auch die Zeit nehmen, um eine Aktion in Memphis zu unterstützen. Am 28. März würde er einen Protestmarsch leiten, der die Forderungen der Müllarbeiter noch einmal unterstützte. Diesen Marsch sah er als einen Vorläufer des großen »Marsches der Armen«. Immer stärker war er davon überzeugt, daß Freiheit und Gleichheit allein nicht genügten. Von Freiheit allein kann ein Mensch nicht leben. Erst wenn die farbige Bevölkerung auch ökonomisch dem weißen Amerika gleichgestellt würde, war das Ziel erreicht. Solange sie kaum gute Schulen

Martin Luther King (Mitte) führt zusammen mit Ralph Abernathy (rechts) und H. Ralph Jackson (links) in Memphis/Tennessee am 28. März 1968 den Marsch der Müllarbeiter, bei dem es zum ersten Mal in einer von M. L. King geleiteten Demonstration zu Gewalttätigkeiten kam. (Foto AP)

hatte und fast immer die schlecht bezahlten Arbeiten übernehmen mußte, war sie nur auf dem Papier frei.

Leider wurde der Marsch in Memphis kein Erfolg. Martin Luther King und seine Mitarbeiter, die dem Zug vorangingen, fühlten, daß ihnen die Sache aus der Hand zu gleiten begann. Hinter ihrem Rücken brachen Krawalle aus und fanden Plünderungen statt. Zum ersten Mal gab es in einer Demonstration, die Martin Luther King und seine Freunde führten, Gewalttätigkeiten. Die Unruhestifter versteckten sich im Zug der friedlichen Demonstranten und waren nicht zu erkennen. Die Polizei griff ein, und die Folge von allem war, daß ein sechzehnjähriger Junge sein Leben verlor. Alle waren sich einig, daß es nicht länger zu verantworten war, so weiterzumachen. Die Führer brachen den Marsch deshalb ab. Aber die Krawalle und Plünderungen gingen weiter. Die Unruhestifter ließen sich von niemandem etwas sagen.

Um erklären zu können, was genau geschehen war, wurde eine Pressekonferenz abgehalten. Hier sollte Martin Luther King der Sprecher sein, weil er sich für das, was geschehen war, verantwortlich fühlte. Aber er war durch den Verlauf des Marsches so aus der Fassung gebracht und enttäuscht, daß die Pressekonferenz mißlang; er war nicht in der Lage, die richtigen Worte zu finden.

Am nächsten Morgen fand jedoch noch einmal eine Pressekonferenz statt. Nachdem er nachts lange gebetet hatte, konnte Martin Luther King hier fließend und mitreißend sprechen. Er erklärte die Ereignisse beim Marsch in Memphis und ihre Hintergründe. Erneut bekannte er sich ohne Einschränkung zur Gewaltlosigkeit.

Das Unglück konnte nicht ungeschehen gemacht werden. Es erstaunte dann auch niemanden, daß der Stadtrat einen zweiten Protestmarsch verbot. Die Probleme türmten sich wie Berge. Martin Luther King spürte, daß er gerade jetzt die Müllarbeiter nicht im Stich lassen durfte. Er ging zum Richter, um gegen das Demonstrationsverbot zu protestieren. Außerdem verhandelte er mit der kämpferischen Black-Power-Bewegung, um ein zweites Mißlingen zu verhindern. Die Macht der Gewaltlosigkeit mußte die wichtigste Waffe bleiben. Gestärkt durch seinen Kontakt mit Gott, zu dem er in den stillen Nachtstunden betete, setzte er sich mit seiner ganzen inspirierenden Persönlichkeit ein.

Der zweite Marsch mußte beweisen, daß die Unruhestifter Unrecht gehabt hatten. Obwohl Martin Luther King gar nichts mit den Gewalttätigkeiten in Memphis zu tun gehabt hatte, sahen viele Einwohner der Stadt ihn lieber gehen als kommen. Durchs Telefon hörte er wieder Verwünschungen und Bedrohungen: »Schmutzige Nigger, müßt ihr unsere schöne Stadt in Brand setzen?«

»Wir kriegen euch schon, ihr Unruhestifter!«

Am Mittwochabend, den 3. April 1968, hielt Martin Luther King eine spontane Ansprache vor mehr als zweitausend Teilnehmern des geplanten Marsches.

Sie waren, während sich drohende Gewitterwolken über der Stadt zusammenballten, gekommen, um Martin Luther King zu hören.

Martin Luther King sagte, daß er gerne in dieser Zeit lebe. War das nicht merkwürdig, wo doch die Welt auf dem Kopf zu stehen schien? Aber es sei eine Zeit, in der Gott handelte und Menschen auf Gott reagierten. »Deshalb bin ich froh, daß Gott mich jetzt leben läßt und daß ich hier in Memphis bin«, sagte er. »Wenn ich in Rußland oder China lebte ... Dann könnte ich vielleicht die Verweigerung gewisser Grundrechte ... verstehen. Aber irgendwo lese ich etwas von Versammlungsfreiheit, von Redefreiheit, von Pressefreiheit; irgendwo lese ich, daß die Größe Amerikas in dem Recht besteht, für das Recht einzustehen ... Ein Flugzeug brachte uns von Atlanta hierher. Ich wunderte mich, daß erst kontrolliert werden mußte, ob vielleicht eine Bombe versteckt wäre. Und hier in Memphis regnete es Drohungen. Es warten schwierige Tage auf uns, aber das macht mir jetzt nichts aus, denn ich bin auf dem Gipfel des Berges gewesen und ich habe das Gelobte Land gesehen ... Natürlich will ich auch gern lange leben wie jeder andere, aber ich habe es mir abgewöhnt, mir deshalb Sorgen zu machen. Ich will nur tun, was Gott von mir verlangt. Vielleicht werde ich nicht dabeisein. Aber ihr sollt heute abend wissen, daß wir, als ein Volk, in das Gelobte Land einziehen werden. Und deshalb bin ich glücklich heute abend. Ich mache mir keine Sorgen wegen irgend etwas. Ich fürchte niemanden.«

Am Donnerstag, den 4. April, wollte Martin Luther King zusammen mit seinem Freund Ralph Abernathy und den anderen Mitarbeitern die Pläne für den Marsch abschließend besprechen. An diesem Tag nahmen sie sich ausgiebig

Zeit dazu. Dank der ausgezeichneten Zusammenarbeit aller Mitarbeiter kamen sie sehr gut voran.

Gegen sechs Uhr kam Pfarrer S. B. Kyles, um Martin Luther King zum Abendessen abzuholen.

Vom Balkon des Motels aus wechselte Martin Luther King noch ein paar Worte mit Ben Branch, der abends bei der Versammlung singen sollte.

»Ben«, rief er, »du mußt heute abend einmal sehr schön ›Precious Lord Take My Hand‹ (Großer Gott, nimm meine Hand) für mich singen. Willst du das für mich tun?«

Ben versprach munter, daß das in Ordnung gehe. Er wolle sein Bestes tun.

Das Auto, das Martin Luther King zum Haus von Pfarrer Kyles bringen sollte, stand schon bereit.

Der Chauffeur fröstelte im kalten Abendwind. Besorgt rief er seinem Fahrgast zu: »Es wird kühl, nehmen Sie lieber einen Mantel mit.«

»Das werde ich tun«, antwortete Martin Luther King.

Da fiel ein Schuß.

Martin Luther King schlug auf den Boden.

Ralph Abernathy beugte sich besorgt über ihn und rief weinend seinen Namen: »Ich bin es, Martin, ich, Ralph.«

Es kam keine Antwort mehr.

Die Stimme, die so viele ermutigt, getröstet und mitgerissen hatte, war zum Schweigen gebracht worden.

Martin Luther King hatte das Gelobte Land betreten ...

Das ist erst der Anfang . . .

Frühjahr 1968

Für Coretta King war dies das Ende, das Ende ihres Lebens mit dem Mann, den sie so sehr liebte.

Es war das Ende des Lebens von Yolanda, Martin, Dexter und Bernice mit ihrem geliebten Vater.

Martin Luther King wurde in der Karwoche ermordet. Immer wieder hatte er gesagt, daß die Nachfolger Jesu Christi auch den Weg des Kreuzes – des Leidens – auf sich nehmen müßten.

Es waren schwere, traurige und tief berührte Tage für die ganze Familie King.

Ein Tag nationaler Trauer für Amerika.

Unter der schwarzen Bevölkerung brachen Krawalle aus als Ausdruck der Verzweiflung und Hoffnungslosigkeit.

Aber auf einer Pressekonferenz erklärte Coretta King: »Wir müssen dafür sorgen, daß seine Arbeit nicht verlorengeht. Er gab sein Leben für die Armen dieser Welt, für die Müllarbeiter von Memphis, für die Bauern von Vietnam. Es verletzte ihn bis ins Tiefste, wenn Menschen nur noch gewaltsam Lösungen für die Probleme sahen. Wir haben vor, in seinem Sinne weiterzumachen, und ich hoffe, daß Sie mit uns an der Verwirklichung seiner Träume arbeiten werden.«

Am Tag vor der Beerdigung war das Datum des zweiten, verbotenen Marsches in Memphis.

Coretta King nahm zusammen mit ihren Kindern den Platz ihres Mannes ein. Die Arbeit Martin Luther Kings mußte weitergehen.

Auf der Schlußkundgebung sagte Coretta King, daß sie nun ihren Mann vertrete, wie sie es oft getan habe. Sie sprach auch über ihre Kinder; sie wüßten, wofür ihr Vater sein Leben eingesetzt habe. Sie sei dankbar für die Unterstützung und Zuneigung, die sie hier bekam. Für sie bedeutete dieser Augenblick eine große Stärkung.

Nach Karfreitag komme doch einmal Ostern, und darum muß die Arbeit Martin Luther Kings weitergehen.

Er hätte dies nicht anders gewollt.

Coretta war davon überzeugt, daß auch der »Marsch der Armen« stattfinden mußte. Sie sprach über den zwölfjährigen Kampf der Bürgerrechtler für Gleichheit und Integration und erklärte, die Zeit sei gekommen, auch ökonomisch gleichgestellt zu werden. Martin Luther King habe sich um das Los der Armen und Geringen in der ganzen Welt gesorgt, nicht allein in Amerika. Seiner Meinung nach habe jeder Mensch Recht auf Arbeit und Einkommen, damit er glücklich und in Freiheit leben könne. Coretta King rief die Menschen auf, dem nicht nur zuzustimmen, sondern zu versuchen, es wirklich zu erreichen.

»Wenn dies geschieht«, rief sie aus, »hat sein Tod die erlösende Kraft, über die er so oft sprach. Zum Schluß noch diese Frage: Wie viele Menschen müssen noch sterben, ehe wir eine freie und wirklich friedliche Gesellschaft haben? Wie lange wird es noch dauern? Wenn wir die wahre Bedeutung dieses Todes erfaßt haben, glaube ich, kann aus dieser Nation eine Gesellschaft der Liebe, der Gerechtigkeit und des Friedens werden, in der alle Menschen wirklich Brüder sind.«

Als Coretta King an ihren Platz zurückkam, fiel ihr ihre Tochter Yolanda um den Hals und sagte: »Mami, du warst wirklich gut!«

Am Dienstag, den 9. April 1968, wurde Martin Luther King beerdigt. Der Trauergottesdienst wurde in derselben Kirche gehalten, in der er getauft worden war, in der er aufgewachsen war und in der er seinen Glauben gefunden hatte, in der Ebenezerkirche.

In diesem ihm so vertrauten Raum wurden die Bibelwor-

Am 9. April 1968 wird Martin Luther King in Atlanta/Georgia beerdigt. Während des Trauerzuges wird der Sarg auf einem einfachen Bauernkarren von zwei Maultieren gezogen. (Foto dpa)

te gesprochen, die er so gern hörte und die ihn inspirierten. Hier wurden die Lieder gesungen, die er so liebte. Hier und in der ganzen Welt wurde für seine Frau und seine Kinder gebetet.

Alles, was geschah, klang wie eine Botschaft von ihm selbst. Zum letzten Mal hörte man seine Stimme durch den weiten Raum, als auf Coretta Kings Bitte hin ein Teil der Predigt von einem Band abgespielt wurde, die er am 4. Februar 1968 in dieser Kirche gehalten hatte:

»... mein Friedensnobelpreis braucht nicht erwähnt zu werden, das ist nicht wichtig. Ich möchte, daß jemand an diesem Tag sagt, daß Martin Luther King jr. versuchte, sein Leben für andere zu geben ... Ich möchte, daß ihr sagen könnt, ich versuchte in meinem Leben, die Nackten zu kleiden und die Gefangenen zu besuchen ... In meinem Testament wird kein Geld und Gut erwähnt sein, denn was ich euch hinterlassen will, ist ein Leben im Dienst der Menschheit ... Mehr braucht am Tage meiner Beerdigung nicht gesagt zu werden. Jesus, bei dir will ich sein, nicht aus Selbstsucht, sondern in Liebe und Gerechtigkeit. Ich will nur bei dir sein in Wahrheit und Ergebenheit gegenüber anderen, nur dann können wir aus der alten Welt eine neue machen ... Amen ...«

Am Ausgang der Kirche wartete ein Fuhrwerk mit zwei Maultieren davor. Diese Karre brachte den Leichnam Martin Luther Kings zu seiner letzten Ruhestätte. Er wurde auf dem ehemaligen Sklavenfriedhof von Atlanta beerdigt. Auf einem einfachen Stein stehen Worte seines Glaubens und Triumphes, die er in seiner Rede in Washington am 28. August 1963 gesagt hatte:

Pastor Martin Luther King jr.
1929–1968
Endlich frei, endlich frei
Gott dem Allmächtigen sei Dank
Ich bin endlich frei

Im Sommer des Jahres 1981 bewegt sich ein Zug durch die Straßen Montgomerys.

Die Menge wird angeführt von einer dunklen Frau. Ihr Name ist Coretta King. Die meisten Teilnehmer an dem Marsch haben die gleiche Hautfarbe wie sie. Am Ende dieses Marsches hält sie eine kurze Ansprache. Klar und deutlich klingt ihre Stimme durch die Straßen der Stadt, wo Rosa Parks im Bus nicht aufstehen wollte. Jetzt, ein Vierteljahrhundert später, steht dort eine kleine dunkle Frau. In ihrer Stimme klingt die Leidenschaft für das Ziel durch, das ihr Mann als ein Erbe hinterlassen hat:

»Wir müssen uns wieder auf den Weg machen, das ist erst der Anfang ...«

Einige besondere Ereignisse im Leben Martin Luther Kings

15. Januar 1929	M.L.K. in Atlanta/Georgia geboren
1946	Probepredigt in der Ebenezer-Gemeinde in Atlanta; M.L.K. entschließt sich, Geistlicher zu werden
1948	Beginn des Theologie- und Philosophiestudiums in Chester/Pennsylvania
Juni 1951	Student seines Jahrgangs
Herbst 1951	M.L.K. geht für eine Doktorarbeit nach Boston/Massachusetts
Januar 1952	M.L.K. lernt die Musikstudentin Coretta Scott kennen
18. Juni 1953	Heirat mit Coretta Scott
September 1954	Pastor der Dexter Avenue Baptist Gemeinde in Montgomery/Alabama
Frühjahr 1955	Doktor der Theologie
17. November 1955	Tochter Yolanda geboren
1. Dezember 1955 – 21. Dezember 1956	Busstreik in Montgomery

28. Oktober 1957	Geburt des Sohnes Martin Luther King III
Anfang 1955	Gründung der Southern Christian Leadership Conference (SCLC) – Christliche Führungskonferenz des Südens
September 1958	Attentat einer geistesgestörten schwarzen Frau auf M.L.K. in Harlem (schwarzes Viertel in New York)
März 1959	Reise nach Indien
November 1959	M.L.K. gibt Tätigkeit als Pastor in Montgomery auf und zieht nach Atlanta um
Mai 1960	Freispruch für M.L.K. von der Anklage einer falschen Steuererklärung; Beginn der Sit-in-Bewegung
Herbst 1960	Bei einem Sit-in in Atlanta verhaftet; Freilassung durch Eingreifen von John F. und Robert Kennedy
Dezember 1961	Zusammen mit 700 Schwarzen in Albany/New York festgenommen
Januar 1962	Geburt des Sohnes Dexter
Sommer 1962	Verurteilung in Albany zu 45 Tagen Gefängnis; nach Kaution durch einen Unbekannten muß M.L.K. das Gefängnis gegen seinen Willen verlassen

28. März 1963	Geburt der Tochter Bernice Albertine
Ostern 1963	Beginn der Aktionen in Birmingham/ Alabama
12. April 1963	Mit 50 anderen Schwarzen verhaftet
10. Mai 1963	Übereinkunft in Birmingham
28. August 1963	Marsch auf Washington
Sommer 1964	Besuch in der Bundesrepublik Deutschland
10. Dezember 1964	Verleihung des Friedensnobelpreises in Oslo
1966	Leitung des Chicago Freedom Movement
26. August 1966	Übereinkunft in Chicago
15. April 1967	Teilnahme am Friedensmarsch gegen den Vietnamkrieg in New York
Februar 1968	Beginn der Vorbereitung für den »Marsch der Armen«
28. März 1968	Krawalle beim Marsch in Memphis/ Tennessee, den M.L.K. anführte
3. April 1968	Vorbereitung eines neuen Marsches in Memphis
4. April 1968	M.L.K. in Memphis erschossen

Andere Bücher von und über Martin Luther King

Martin Luther King: Freiheit. Von der Praxis des gewaltlosen Widerstandes. 1. gekürzte Taschenbuchauflage Wuppertal 1982 © Oncken Verlag Wuppertal und Kassel

Martin Luther King: Kraft zum Lieben. Betrachtungen und Reden des Friedensnobelpreisträgers. Konstanz 1964

Martin Luther King: Schöpferischer Widerstand. Reden – Aufsätze – Predigten. Herausg. v. Heinrich W. Grosse. Gütersloh 1980

Martin Luther King: Testament der Hoffnung. Letzte Reden, Aufsätze und Predigten. Eingeleitet von Heinrich W. Grosse. Gütersloh 1974

Martin Luther King: Der Traum vom Frieden. Texte zur Orientierung. Mit einer Einführung herausg. v. Peter Helbich. Gütersloh 1983

Coretta Scott King: Mein Leben mit Martin Luther King. Gütersloh 1982

Frederik Hetmann: Martin Luther King. Hamburg 1979

Band 4:
Phyllis Thompson

Der Abenteurer Gottes

Ein Mann vertraut Gott – ob er nun seine letzte Silbermünze verschenkt, unter schwierigen Umständen bis fast ans »Ende der Welt« reist, oder Gott um tausend Missionare für seine »China-Inland-Mission« bittet. Das Leben von Hudson Taylor ist wirklich voller Abenteuer.

112 Seiten, Bestell-Nr. 27504

Band 6:
Robert Siegel

Alpha Centauri

Becky besucht mit ihrem Vater einen alten Freund in England, mit dessen Pferd Rebecca sie gleich Freundschaft schließt. Bald beginnt ein langer Ritt in die Sagenwelt des Altertums. Die uralten weisen Männer der Centauren prüfen Becky, ob sie aufrichtig ist und wirklich ein Freund dieses verfolgten Stammes und ob sie eine große Aufgabe für sie alle erfüllen kann? Becky und Rebecca sind völlig erschöpft von diesem Ritt – oder war es nur alles ein Traum?

168 Seiten, Bestell-Nr. 27506

Die Reihe wird fortgesetzt.